현재 판매중인
에이든 **여행지도 시리즈**

국내여행 가이드북, 제주여행 가이드북, 인스타 핫플 가이드북, 아이와 가볼만한 곳 1193, 전국여행지도, 한국관광100선 스크래치맵, 캠핑지도, 우리나라 역사지도, 키즈(세이펜) 세계지도/우리나라지도, 서울, 제주, 부산, 파리, 런던, 로마, 오사카 지도 등 지속 출시 중. 네이버에서 "에이든여행지도"로 검색하세요.

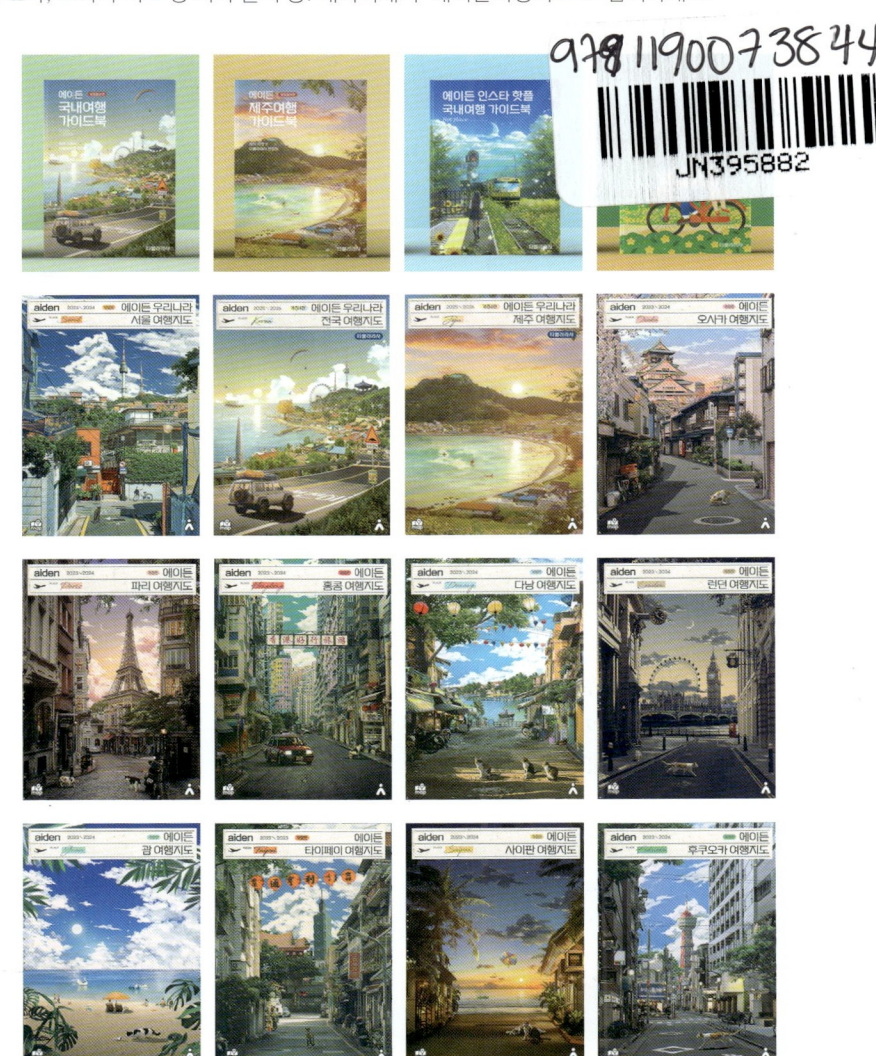

에이든 여행지도 및 미니맵북의 저작권은 (주)타블라라사에 있습니다.
본사의 서면동의 없이는 어떠한 형태로도 복사하거나 이용 하지 못합니다.

방콕 구도심

싼띠차이 쁘라깐 공원
[Santi Chai Prakan Park]
짜오프라야 강과 라마 8세 다리를
감상하기 좋은 한적한 공원

Phra Pinklao Bridge
พระปิ่นเกล้า
N12

림남 무까따 뻔까오
(무카타)

왕실 선박 국립박물관
Royal Barges National Museum
(전문 박물관)

쏨뎃 프라
삔끌라오 다리
Phra Pin-klao Bridge
(다리)

왓 차나 쏭
[Wat Chana So
금빛으로 장식된 내부와 황금
170

Thon Buri
ธนบุรี

씨리랏 피묵싸탄 박물관
Siriraj Bimukstan Museum
(지역사 박물관)

Rot Fai Rd

Thonburi Railway Station Pier
N11 ท่ารถไฟ

람부뜨리 로드
[Soi Ram Buttri]
카오산 로드 근처에 위치한,
보다 여유롭고 분위기 있는 거리로,
다양한 레스토랑, 바, 마사지 숍 등이
즐비하다.

국립
Nation

방콕노이
เขตบางกอกน้อย

시리랏 의학 박물관
Siriraj Medical Museum
(과학박물관)

왕랑 시장
[ตลาดวังหลัง]
다양한 길거리 음식을 주로 판매하는
야외 로컬 시장. 현지인들이 자주 찾는
시장으로 한국인이 많이 없으며,
구경하는 재미가 있다. 화장실 유료.

Prannok
พรานนก
N10

탐마삿 대학교
มหาวิทยาลัยธรรมศาสตร์
(대학교)

방콕 국립
[National Museum
방대한 양의 태국의
전시된 박물관, 입장
오후 4시까지로 설
로드 코스 추천.

Tha Phra Chan
ท่าพระจันทร์

왓 마하탓
Wat Mahathat
(불교사찰)

쿤댕 꾸어이짭 유안
[Khun Deng Guay Jub Yuan]
발효된 두부 소스(분홍색 국물)를
사용한 쌀국수로, 다양한 해산물과
어묵이 들어감.

Phran Nok Road

타 마하랏
[ท่ามหาราช]
짜오프라야강을 감상하기 좋은
카페와 식당이 있는 쇼핑몰. 상가
건물 7개 동을 개조한 상점이다. 강변
근처에 있어 리버뷰를 즐기기 좋다.

싸남 루앙
[Sanam Luang]
왕궁을 배경으로 노
야경을 감상하기 좋
잔디 공원

Tha Maharat
ท่ามหาราช

왓 라캉 코시타람 워라마하위한
[Wat Rakhang Kositaram Woramahawihan]
아유타야 시대에 지어진 오래된 사원으로 큰 종이 특징.
미니 종 굿즈를 구입할 수 있으며, 야경이 아름다워
밤에 방문하는 것도 좋다.

Wat Rakhang Ferry

Thong Heng Lee
(망고밥)

왓 프라깨우
[Wat Phra Kaew]
왕궁 내에 있는 사원으로,
에메랄드 불상이 있어 '에메랄드
사원'으로도 불린다. 불상은 사진
촬영 금지이니 주의.

왓 프라깨우

락 므
[Lak Mua
방콕을 처음
1782년 시

Tha Chang
ท่าช้าง
N9

왕궁

씨리낏 왕비 직물 박물관
Queen Sirikit Museum of Textiles

Wat Phraya Tham Worawihan

Thai Glam Studio
메이크업+헤어 300바트, 의상대여 700바트,
사진촬영 1,500바트. 8시~18시까지운영

와불상
[The Reclining Buddha]
왓 포에서 꼭 봐야 하는
태국에서 가장 큰
누워있는 불상

Absolute Thai : Thai Costume Rental
악세사리가 많고 에어컨이 있다. 가게가
넓어서 쾌적하다. 의류+액세서리 700바트,
신발50바트, 사진촬영 1시간 1500바트

Tah Tian
ท่าเตียน N8

더 데크 바이 아룬레지던스
[เดอะเดค]
왓 아룬 야경을 정면에서
감상할 수 있는 루프탑 바

Bestie Thai Costume Rental Boutique
표준300바트, 고급의류600바트, 헤어 100바트이며,
화장실 이용가능하다. 의상실 전 결제해야한다.
(카드결제시 7% 수수료)

Wat Arun N8

시암 박물관
[Museum of Siam]
태국의 역사와 문화를
전시하는 박물관.
입장료 100바트.

왓 아룬
[Wat Arun]
크메르 양식의 탑 프라 쁘랑으로 유명한
사원. 화려한 모자이크가 특징이다.
낮에도 아름답지만 특히 야경이
아름답다. 이국적인 여행 인증샷을
남기고 싶다면 전통의상을 입고 사진
찍는 것 추천. 입장료 200바트.

Bangkok & Blush : Thai Costume Rental
에어컨이 있고, 의상+액세서리 200바트,
간단헤어 50바트로 가성비 있는 곳

왓 아룬

룽롯
[โรงโจ๊ก]
왓아룬 야경을 볼 수 있는
루프탑. 인당 1000바트로
가격대가 있지만, 왓아룬
뷰가 멋진 곳. 예약필수

Yodpiman
ยอดพิมาน

Wat Kalayanamit Pier

Kian An Keng Shrine
(종교적 장소)

프라 쑤멘 요새
[Phra Sumen Fort]
1783년에 지은 강변 요새다. 외세의 침입을 막기 위해 지어진 요새다. 흰색 외관과 8각형 모양이 눈에 띈다.

방람푸 박물관
Bang Lamphu Museum
(박물관)

쪽 포차나
Jok Pochana
(쌀팟퐁커리, 볶음밥)

왓 인타라위한
[Wat Intharawihan]
탁발 그릇을 들고 있는 거대한 불상으로 유명한 오래된 사원. 불상의 높이는 32m. 약 70개의 계단을 올라가면 꼭대기까지 올라갈 수 있다. 입장료 40바트.

Wat Tri Thotsathep Worawihan
(불교사찰)

왓 벤짜마버핏
[Wat Benchamabophit Dusitwanaram]
이탈리아에서 수입된 대리석으로 지은 화려한 불교 사원. 유럽과 태국식의 디자인이 조화를 이룬다. 조경이 아름다워 사진을 찍기 좋다. 입장료 100바트.

왓마꿋
Wat Makut Kasatriyaram Ratchaworavihan
(종교적장소)

랏차담넌 무에타이 경기장
Rajadamnern Muay Thai Stadium
(권투시합용 링)

왓 쏨마낫
Wat Somanas Ratchaworawihan
(종교적인 장소)

더 클럽
[The Club]
유명한 3층 규모의 대형 클럽

카오산 로드 ⭐
[Thanon Khao San]
다양한 기념품, 저렴한 길거리 음식이 있는 활기찬 거리. 밤에는 야시장이 열리고, 라이브 바가 있다.

왓 보원니웻
[Wat Bowonniwet]
라마 4세 등 태국의 왕들이 승려로 수행했던 불교사원. 13세기 불상이 있다.

메타왈라이 썬댕
[แม่วาไรซันแดง]
클래식한 태국 왕실 요리를 맛볼 수 있는 미슐랭 맛집.

크루아 압손
[Krua Apsorn]
고소한 계란과 강황이 들어간 태국식 크리미한 게살 카레 볶음.

민주기념탑
[Democracy Monument]
태국의 헌법 제정을 기념하기 위해 지은 4개의 높은 탑으로, 밤에는 조명이 켜져 야경 사진 스팟으로 유명하다.

마하깐 요새
Mahakan Fort

랏따나꼬씬 전시관
[Rattanakosin Exhibition Hall]
랏따나꼬씬 왕조의 역사를 전시하는 박물관. 입장료 100바트.

푸 카오 텅 (왓 싸껫) ⭐
[Phu Khao Thong & Wat Saket]
아유타야 시대에 지어진 인공 언덕 위 사원. 태국 필수 관광 명소로 고층 건물을 제외하면 방콕에서 제일 높은 곳. 탁 트인 도시 전망뷰. 특히 일몰 시간에 방문하면 아름다운 풍경을 볼 수 있다. 입장료 100바트.

밋 코 유안
ร้านอาหารมิตรโกหย่วน
(똠얌꿍)

싸오 칭차
[เสาชิงช้า]
과거 축제에 쓰이던 대형 그네로, 현재는 대표적인 포토스팟 (자이언트 스윙)

왓 쑤탓
[Wat Suthat]
방콕 6대 사원 중 하나로, 내부에는 화려한 19세기 벽화와 8m 높이의 석가모니 불상이 있다. 조용하고 경건한 분위기. 20시까지 운영하니 조명이 켜진 야경도 보고 오는 것을 추천. 입장료 100바트.

몬 놈쏫
[มนต์นมสด สาขา หน้าศาลาว่าการ กทม.]
지락실 토롱이가 줄 선 토스트집. 구운 토스트에 각종 잼을 발라준다. 판단 커스타드 잼이 가장 인기.

쩨파이
[ร้านเจ๊ไฝ]
미슐랭 1스타를 받은 방콕 최고의 스트리트 푸드.

팁싸마이
[ทิพย์สมัย ผัดไทยประตูผี]
방콕의 대표 팟타이 식당. 소스는 취향대로 넣어 먹는다. 오리지널 팟타이 추천.

왓 랏차보핏
[Wat Ratchabophit]
화려한 유리 타일로 장식된 불교 사원이자 태국 왕실의 묘지

왕실 묘지
Ratchabophit
싸란롬 공원
Saranrom Park
(쉬어가기 좋은 공원)

쌀라 찰럼끄룽 왕립극장
[Sala Chalermkrung Royal Theatre]
태국 전통춤 공연이 열리는 극장. 왕궁 티켓 소지 시 무료.

메가 프라자
[เม็กก้า พลาซ่า สะพานเหล็ก]
카메라, 전자제품, 비디오 게임, 장난감, 가젯, 만화책 전문으로 판매하는 6층짜리 쇼핑몰.

Sam Yot
สามยอด

올드 시암 플라자
[The Old Siam Plaza]
먹거리, 의류, 보석 등 다양한 물품을 판매하는 전통 시장. 3층 규모로 음식, 비단, 보석 등을 판매하는 가판대와 부티크가 모여있다.

파후랏 시장
[Talad PhahuRad]
인도계 이민자들이 모여 사는 리틀 인디아의 대표 시장

크렁 톰 시장
Khlong Thom Plaza

쌈펭 시장
[ตลาดสำเพ็ง]
문구, 액세서리, 의류 등을 도매로 판매하는 현지 시장. 활기 넘치는 차이나타운의 시장으로 아시아 먹거리가 가득하다.

왓 짜끄라왓
[Wat Chakkrawat]
아담한 19세기 사원으로, 연못에서 악어를 볼 수 있다.

Wat Phlapphla Chai
(사찰)

왓 망꼰 까말라왓
[Wat Mangkon Kamalawat]
차이나타운 안의 불교 사원으로, 방콕 최대 규모의 대승 불교 사원. 언제나 사람들로 붐비는 곳. 중국 춘절에 축제가 열린다.

Leng Buai Ia Shrine
(사원)

Wat Mangkon
วัดมังกร

빡크렁 딸랏
[Pak Khlong Market]
24시간 연중무휴로 운영되는 태국 최대의 꽃 시장. 동남아에서 유명한 덴드로비움, 연꽃, 자스민꽃 등을 판매.

Memorial Bridge
N6 สะพานพุทธ

차이나타운
[China Town]
세계에서 가장 큰 차이나타운 중 하나. 다양한 노점상이 많다.

크루아 폰 라마IV
(랏나, 수끼)

나이몽 호이텃
[นายหมงหอยทอด]
바삭한 태국식 굴전으로 미슐랭 가이드에도 선정된 곳.

나이엑 롤 누들
[ร้านก๋วยจั๊บนายเอ็ก]
차이나타운에서 핫한 곳으로 꾸애이짭, 돼지고기 튀김이 유명하다.

왕궁 & 왓 포 상세지도

왕궁 ★

● 왕궁 관람 팁
1. 타국의 단체 관광객도 많고 조금이라도 파한(하)절에 최대한 일찍 오픈 시간에 방문하자
2. 그늘이 없고 더우므로 양산, 선글라스 필수
3. 왕궁 내 카페나 매표소 앞에 뛰어서 있으므로 너무 다음에는 사이지기 어려워지므로 들어갈 때 물 한 병 정도 사서 들어가는 것도 좋다
4. 왓 프라깨우를 보고 프라 템 비돈 관람 후에 본당 안에 신발을 벗지 않고 들어가도 된다. 본당 입구에 신발을 벗는 곳도 추천
5. 왕궁 운영시간이 다르므로 수시로 영문을 신는 것도 좋다 (왓궁이나도 15분)
6. 왕궁 지정장자 'Na Phra Lan Tunnel'에만 나오고 맨 번에 왕궁 관람 전후에 쉬기 좋음

● 왕궁 입장 시 주의사항
1. **복장 주의**
   (1) 입장 불가능 복장: 미니, 반소매, 크롭 티, 미니스커트, 반바지, 레깅스 등 몸이 많이 드러나는 옷차림은 (옷이) 정부지
   (2) 입장 가능 복장: 남자는 긴 바지, 여름 아래 지마, 숄더리, 조끼, 선글라스
   (3) 입구 옆 검사대에서 보증금 내고 옷과 신발 대여 가능 (돌아올 때 줌)
2. **왕궁 내부 출입 제한 기간 확인**
   왕궁 의례나 축제기간(매년 5월 12일) 등 행사기간에는 왕궁 내부 출입 및 관람이 제한되니 공식 홈페이지를 확인할 것 (https://www.royalgrandpalace.th/en/schedules)
3. **사진 촬영 제한 구역 조심**
   왓 프라깨우 예배당 내부는 사진 촬영 엄격히 금지
4. **왕궁 주변에서 사기 조심**
   (1) 빈 거리에 왕궁 폐쇄 공지하는가, 왕궁 또는 주변 사원 드라이버 가이드 해주겠다는 사람들이 있음
   (2) 왕궁 주변에서 검은 사진이 아니라, 일반에이나 단 관문부터 돌려보내서 교외관광지 끝나가는 사기 등을 있으니 주의

왓 포 ★

방콕에서 가장 크고 오래된 사원 중 하나이자 태국 최초의 대학이 설립된 곳. 태국에서 가장 큰 외불(누워있는 불상)을 볼 수 있다.

왕궁 & 왓 포 상세지도

- **Tha Maharaj** ท่ามหาราช
- **Tha Chang** ท่าช้าง N9

● 프라 템 비돈
[Prasat Phra Thep Bidon]
태국의 역대 왕들의 동상을 모신. 태국 4대 초창기 라마 1세부터 8세까지 태국 국왕의 지배 역대 4세 시설. 본 모두다 위층까지 올라가는 기둥이 영역 확인할 것으로 쓰이는 기법이 뛰어 비탈라 보인다.

● 앙코르와트 모형
[Angkor Wat Model]
캄보디아 앙코르와트를 본떠 만든. 태국의 전설기를 기원으로 소형화 표상되어 있다. 왕궁의 번째 급주(물) 4세 시설. 전설적으로 탐실에 빠져 지배 영역을 확장한 것을 기념하기 위해 만들었다.

● 본당 - 보 르
1789년에 지어진, 불교 경전을 보관하고 있는 도서관
tip! 놓치지 말아야 할 포토존: 황금 탑 앞에 서서 찍기

● 프라 시 라따나 쩨디
부처님이 사리가 지켜지고 있는 황금색 총 모양의 탑. 왕궁의 첫 번째 상징이고,
tip! 놓치지 말아야 할 포토존: 황금 탑 앞에 서서 찍기

★ 왓 프라깨우
Temple of the Emerald Buddha

● 에메랄드 불상
Mani Rattana Patimakon
태국에서 가장 신성한 보물 중 1호. 에메랄드 1점으로 실제보다 훨씬 작은 크기의 불상이. 본당 주변 지위 1점으로 보이며 가이드 관계자

● 씨리낏 왕비 박물관
[Queen Sirikit Museum of Textiles]
왕실 왕가의 왕족이 옷과 왕실 의상을 전시하는 박물관

● Sala Sahathai Samakhom
(국왕이 의식이나 행사를 설명할 때 쓰이는 곳)

● Sala Luk Khun Nai
(소규모 예식 공연 하는 곳)

● Bureau of the Royal Household
왕실 부처

● 매표소
(왕궁 입장권 파는 곳. 500B 한국어 지도 제공. 8시30분 부터 15시30분까지 운영)

● 동전 박물관
국왕이 입는 옷과 금속을 전시하는 곳. 국왕 행사 의복을 전시하고 있는 건물. 본관 옆에 있음.

● Phra Thinang Amarin Winichai
태국 왕의 옥좌가 있는 방. 공개되지 않음.

● 두싯 마하 쁘라삿
[Dusit Maha Prasat]
1세 때 지어진 왕궁 건물. 왕실의 주요 행사가 이루어지는 곳. 본당의 가장 중요한 공간.

● 짜끄리 마하 쁘라삿
[Chakri Maha Prasat]
라마 5세에 지어진 건물로 태국과 서양의 건축양식이 혼합된 독특한 건축. 내부에는 왕실의 작품이 전시되어 있다.

● Phra Thinang Maha Montien
[Phra Maha Montien]
왕궁의 가장 내부에 있는 공간. 대관식이 열리는 곳.

● Phra Thinang Chakraphat Phiman
라마 1세 당시 건립된 왕족의 주거공간.

● Phra Thinang Boromratchasathit Mahoran
(현대 국왕 행사를 연결하는 건물. 내부는 박물관으로 개방.)

● Phra Phuttha Yotfa
(무료 입장. 옛날 왕이 기도하던)

● Phra Phuttha Rattanasatthan
(수호신을 모신 불당)

● Siwalai Garden
(왕실 가족들만 출입 가능한 정원. 일반 관광객에게 공개)

● Phra Thinang Siwalai Maha Prasat
(주요 국빈 의식이 진행되는 장소. 내부 공개 금지)

● 부처 사랑 불당의 곳

● 도이캄 [Doi Kham] (Grand Place)
태국 왕실 프로젝트에서 운영하는 프라미엄 농산물 및 건강식품 매장. 자체 쇼핑몰. 여라 기저만 로맨틱한 커피와 차 도 있어 잠깐 쉬어가기 좋은 곳.

● 왕궁 기본 정보
- 한다: 서쪽시, 마이아: 4세 지지어지만 현재인 프라미라는 지금의 궁궐보다 위화라는 지어져 있는 라마 1세에 수도를 방콕으로 옮기며 원래 왕궁을 서쪽으로 옮기고 여기서 국력을 표상하게 된 경기.
- 운영시간: 매일, 공연 시간 30분 전에 공관 출발, 12시부터 15시까지. 변경될 수가 있다.
- 홀일: 일-금요일.
- 하루 3회 공연, 오전 11, 2시, 4시 (각 공연마다 30분 진행)
- 왕궁 방문생은 무료임. 관광객은 매표소에서 표 구매 필수.

- 프라 우보솟
태국 전국에서 볼 수 있는 왓 중 유일하게 왕궁 주 출입구로 들어갈 수 있는데, 일당차지 아니라 대기권 (본관)

쌀라 차름끄룽 극장
[Sala Chalermkrung Royal Theatre]
태국 역사와 전통을 실제로 감상할 수 있다.

- 프라 라비앙
불이의 행렬이 놓이거나, 역사적 공간이 그려져 있어 신앙의 역사를 느낄 수 있는 장소

왓 포 마사지 스쿨
[วัดโพธิ์มสเตอร์ ชีวก โกมารภัจจ์]
타이 마사지의 시초가 된 곳으로, 실제로 마사지를 체험할 수 있다.

2. 와불상과 불상들을 관람할 때는 신발을 벗어야 한다. (제공되는 신발 보관 주머니에 넣어간다)
3. 와불상 앞 108개 항아리에 동전을 넣으며 개인을 기원할 수 있다. 소매치기가 종종 있으니 주의
4. 왓 포 타이 트래디셔널 메디컬 앤 마사지 스쿨에서 마사지를 받으려면 오픈 전 방문하거나, 입장하자마자 대기표를 받는 것을 추천 (8:00-17:00 운영, 타이 마사지 30분 320밧)

시암 박물관
[Museum of Siam]
태국의 역사와 문화를 전시하는 박물관. 입장료 100밧.

프라 우보솟(본관)
- Ubosot-Wall
- 우보솟-월

프라 라비앙
Phra Rabieng
(불상 성화벽)

왓포 남북 출입구

tip! 놓치지 말아야 할 포토존:
벨용 투 왓포. 정문으로 'WELCOME TO WATPO' 사인과 함께 사진 찍기

매표소 (입장료 300밧 09:00-19:30)

프라 마하 체디
Phra Maha Chedi
4개의 거대한 체디

파라다이스 4왕 라마 3세

호텔 라마 2세

녹색 라마 1세

4개의 마하 체디

왓포 북쪽 출입구

프라 마하 체디의 4개 색깔로 된 불탑이 유명한 곳

와불상
(누워있는 불상)
The Reclining Buddha

Eagle Nest Bar
[ตีค นสต์]
왓아룬 야경을 볼 수 있는 루프톱. 인당 1000밧

타이 코스튬 익스프레스
Thai costume rental shop Bow Thatien
매일 9:30A~18시까지 운영
의상대여 300밧~500밧

Public View Point
왓아룬 야경을 즐길 수 있는 포인트

위위 더 카페 플레이스
[วิวิว now (wat)]
예약없이 방문 가능한 왓아룬 뷰 카페

view →

tip! 놓치지 말아야 할 포토존:
월불상 왼쪽 옆에서 석가모니 열반에 드신 모습을 표현한 길이 46m의 거대한 진주 조개로 된 15m의 와불상. 108개 항아리에 담긴 작은 동전들을 불상 주변 108개의 소원을 빌며 이루어진다. (20바트, 현금 혹은 GLN 결제) 와불상 머리부터 발바닥까지 구경하고, 통로쪽 반대편 북쪽에 창틀이 하나씩 보이도록 사진 찍기

여행 시작지점
타티엔(Tha Tien) 선착장에서 하차 후 도보로 3분이면 왓포 남쪽 입구 도착

● Tah Tien
  N8 ท่าเตียน

도자기 조각으로 만들어진 탑으로 각각 라마 1세~4세를 상징하며, 불이 유난히 시리도록 아름답다.

tip! 놓치지 말아야 할 포토존:
측계단 오르는 여러 개의 체디 사이에서 사진 찍기

- 왓아룬
크메르 양식의 거대한 프라 쁘랑이 유명한 사원. 화려한 도자기장식과 특징하게 새벽도 불타는 듯한 아름다움을 담는 미국작가 여행 인플루언서 사이에 전통의상 입고 사진 찍는 것을 추천. 입장료 200밧.

왓아룬 선착장
Wat Arun
N8

타티엔(Tha Tien) 선착장에서 왓아룬 선착장까지 크로스 리버 페리(Cross River Ferry)를 이용하면 약 1분이면 도착할 수 있다. 보트 5바트, 오후 5시 이후 부터는 오후 5시 이전 전에 자리를

사진 촬영 시간 TIP.
생왓 야간 조명이 운영 시간은
오후 8시(부터 오후 6
시까지이며, 사람이 조금 더 적은
오후 5시, 5분에 시작된다.
이때 불 보기 이용시간 30
분~1시간 전에 자리를

카오산 로드 상세

카오산 로드 인기 클럽&바

	방콕 더 클럽 (The Club)	더원 (The One)	브릭 바 (Brick Bar)
설명	더 클럽은 밤늦게 갈수록 신나는 분위기를 즐길 수 있는 곳. EDM과 힙합 음악이 주로 나오는데, 한국 클럽이랑 비슷해서 한국인 관광객들이 많이 찾는다. 유명 DJ들의 공연을 즐길 수 있을 뿐만 아니라, 최신 트렌드의 클럽 음악을 빠르게 접할 수 있다는 장점이 있다.	화려한 조명과 EDM, 힙합, 팝 등 다양한 장르의 음악이 나온다. 피크 시간대에는 댄서들의 공연도 즐길 수 있다. 23시 부터 1시까지가 가장 핫한 시간대. 주말에는 자리가 없을 정도로 붐비니 참고.	라이브 음악을 즐길 수 있는 분위기 좋은 펍. 다양한 종류의 맥주와 칵테일을 맛볼 수 있으며, 저렴한 가격으로 즐길 수 있어 인기가 많다. 매일 21시부터 1시까지 라이브 밴드 공연이 펼쳐진다.
가격/종류	매일 21:00시~04:00 영업 입장료: 250바트 (음료 쿠폰 포함)	매일 13:00~02:00 영업 입장료: 250바트 (맥주 또는 스미노프 1병 포함)	매일 19:00시~01:30 영업 입장료가 없는 대신, 음료를 주문해야한다. 생맥주 100~150바트, 병맥주 80~120바트, 칵테일 150~250바트
준비물	만 20세 이상 출입 여권 또는 신분증 필수 지참	만 20세 이상 출입 여권 또는 신분증 필수 지참	만 20세 이상 출입 여권 또는 신분증 필수 지참

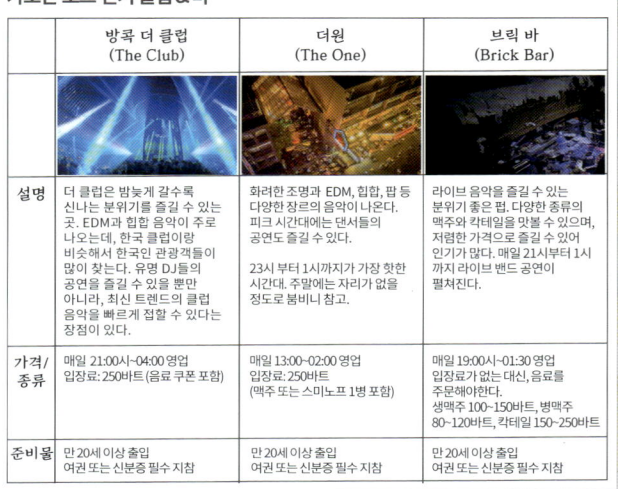

찌라 옌타포
[Jira Yentafo]
맑고 깊은 돼지뼈 국물에 얇은 라이스누들과 돼지고기가 들어간 국수. 후추가 강한 맛이 특징.

태국 대마초

태국에서 대마초 사용이 일부 합법화되면서 대마초 성분을 포함한 가게, 음식점에서 대마초 잎 모양의 마크를 쉽게 볼 수 있다. 태국 여행 시 해당 마크를 주의 깊게 살펴보자. 한국은 대마초 사용이 불법이므로, 태국에서 사용이나 섭취 후 귀국 시 사법적 문제가 발생할 수 있다. 안전하고 즐거운 여행을 위해 대마초 관련 제품에 꼭 주의하자.

태국 방콕 식당의 메뉴판에는 대마초 포함 음식을 초록잎으로 그려놓는다. 메뉴에 마리화나(marijuana), 위드(weed), 그래스, 카나비스(cannabis), 깐차, 깐쁠 등이 표기되어 있는 것들도 대마 성분이 있는 것들이다.

태국에서 대마초가 들어간 음식 구분하는 법
1. 대마 가루가 들어간 아이스크림, 스무디 등은 녹색
2. 음식에 들어가는 대마는 주로 잎 형태, 초록색 단풍잎과 비슷
3. 메뉴명에 칸나비스, 마리화나, 위드, 그래스, 깐차, 깐쁠 등이 적혀있다면 주문하지 말 것

Tip. 태국 전문가들에 따르면 대마초를 영어로 칸나비스(Cannbis)라고 하는데 음식이나 상품에 대마초가 포함되어 있으면 대부분 성분을 밝힌다고 전한다.
특히 음식에 이름에 카나비스가 들어가기 보다 해피, 크레이지라는 이름으로 은유적으로 표시되어 있다. '해피 브라우니' '크레이지 해피 피자' 등이다. 보통은 음식이나 제품사진이나 이미지에 대마초가 들어있다.

음식 속 대마 성분은 길게는 1년 후에도 검출이 가능하며, 대마 섭취 후 국내에서 성분 검출 시 국내법에 따라 처벌되니 각별하게 주의하자.

◆ 대마초 관련 처벌 규정
「마약류 관리에 관한 법률 제3조」 가. 대마 또는 대마초 종자의 껍질을 흡연 또는 섭취하는 행위 5년 이하 징역 또는 5000만 원 이하의 벌금
「마약류 관리법 제61조 (벌칙)」 가. 대마 또는 대마초 종자의 껍질을 흡연하거나 섭취한 자
나. 대마, 대마초 종자 껍질을 소지한 자
「마약류 관리법 제59조 (벌칙)」 미성년자에게 대마를 수수, 제공하거나 대마 또는 대마초 종자의 껍질을 흡연 또는 섭취하게 한 자

대마초 표기 마크
- 일반 풀잎처럼 인식할 수 있어서 주의할 것!

카오산 로드 야시장 먹거리

팟타이
달콤 새콤 짭조름한 태국 대표 볶음면

카오팟
밥, 고기, 달걀 등을 볶은 태국식 볶음밥

코코넛 아이스크림
코코넛 밀크로 만든 아이스크림으로, 시원하고 달콤한 맛이 특징

카오 니아우 마무앙
망고 스티키 라이스라고 알려져 있으며 찹쌀밥에 코코넛밀크와 망고를 넣어 먹는 디저트

꾸어이띠여우 룩친쁠라
일명 '어묵국수'라 불리는 어묵을 넣은 쌀국수

카오똠
밥을 넣고 끓인 태국식 죽

로띠
얇은 반죽을 구워 바나나, 망고, 초콜릿 등을 넣어 만든 태국식 팬케이크

땡모반
태국을 대표하는 음료인 수박 생과일 주스

시암

랏차테위
เขตราชเทวี

전승 기념탑
[Victory Monument]
프랑스-태국 전쟁 승리를 기념하기 위해 세운 높은 탑. 기념비 주변에는 전사한 태국군과 민간인의 이름이 새겨져 있다. 태국의 정신이 담긴 곳. 도로 한가운데 광장처럼 있어 한국의 광화문 광장 같은 곳

센츄리 더 무비 플
[เซ็นจูรี่เดอะมูฟวี่พลาซ่า อนุสาวรีย์ชัย]
영화관, 푸드코트, 마트 등이 있는 쇼핑몰. 푸드코트는 깨끗하고 맛집이

팩토리 코피 - 방콕
[Factory Coffee]
늘 웨이팅하는 인기 카페. 시그니처 메뉴인 Mrs. Cold와 Supreme 추천.

더 수코솔 호텔 방
[โรงแรม
ปทุมวัน
파야타이역 도보 5분 거
교통이 편리한 가성비 호

이스틴 그랜드 호텔 파야타이
[โรงแรมอีสตินแกรนด์ พญาไท]
야외 인피니티 풀이 있고 BTS 파야타이역과 연결된 교통이 편리한 호텔.

Victory Mon
อนุสาวรีย์

Phaya Thai
พญาไท

ARL

싸판카오 청과시장
Saphan Khao Market
(로컬 시장)

마하낙 시장
[Mahanak Market]
신선한 과일, 채소, 수산물을 판매하는 새벽 재래시장

보베 시장
[Bobae Market]
저렴한 의류 도매 시장. 새벽에 열기 때문에 오전 방문 추천.

왓 보롬니왓
Wat Borom Niwat Ratchaworawihan

Phitsanulok Rd
Sawankhalok Rd
Thanon Bamrung Mueang Rd
Phet 5 Rd
Comuter Line
Krung Kasem Rd

Darul Aman Mosque
(종교적인 장소)

Porwa Northern Thai Cuisine
(카오 소이)

Savoe
신선한 해산
요리로 유명
대표 레스트
뿌팟퐁커리
계살 카레 두
찜새우 요리
인기!

Ratchathewi
ราชเทวี

B-STORY
(골동이 카푸치노)

찰럼라 공원
Chaloemla Park
(Graffiti Park)

짐 톰슨의 집
[Jim Thompson House]
태국 실크 사업가 짐 톰슨의 집이자 박물관. 방콕 시내에서 울창한 자연을 느낄 수 있는 공간. 영어 가이드 투어. 입장료 200바트.

방콕 예술문화센터
[Bangkok Art and Culture Centre]
현대 예술 작품을 감상할 수 있는 큰 규모의 전시관. 더위를 식힐 겸 전시관 방문하기 추천. 월요일 휴관. 입장료 무료.

시암 디스커버리
[Siam Discovery]
방콕에서 가장 트렌디한 쇼핑몰. 현대적인 인테리어가 특징이며, 높은 퀄리티의 로컬 브랜드가 많아 쇼핑 만족도가 높다.

시
[Siam
방콕
고급
많은
지하

시암 파라곤

Rama I Rd

수파찰라사이 경기장
Suphachalasai National Stadium
(방콕 아시안게임 주경기장으로 사용되었던 국립 경기장)

National Stadium
สนามกีฬาแห่งชาติ

Silom Line

시암 디스커버리
Siam
สยาม

After You Dessert Café
(딸기, 망고 빙수가 유명한 방콕 대표 디저트 카페)

쏨분 씨푸드
Somboon Seafood
(방콕 최고 뿌팟퐁커리 - 커리 게 요리))

시암 스퀘어 원
[Siam Square One]
현지 MZ에게 인기 있는 젊은 분위기의 쇼핑몰. 다양한 패션 브랜드가 있으며 야외 광장에서 여러 이벤트가 열린다. 지하에 푸드코트가 있고 주차장 규모도 큰 편. 시암센터 시암파라곤과 연결되어 접근성이 좋다.

시암 스퀘어 원

씨라이프 오
씨라이프 뱅콕
(아쿠아리움

치킨 라이스 by JBo
Chicken Rice by JBo
(카오만까이)

란 쩨오 쭐라
[ร้านเจ๊โอว]
마라탕 느낌의 강렬한 맛이 특징, 한국인들에게 인기.

The Cockle Seafood
(해산물뷔페)

마분콩 센터
[MBK Center]
2000개 이상의 상점, 레스토랑이 있는 넓은 쇼핑단지. 저렴하게 기념품을 사기 좋으며 흥정하는 재미도 있다. 다만 가품이 많으니 주의. 매월 첫 째주, 마지막 주 수요일 저녁에는 광장에서 무에타이 경기가 열린다.

마분콩 센터

에 씨푸드
เอ๋ ซีฟู้ด
(똠얌꿍, 오징어 튀김)

MK 레스토랑
[MK Restaurant]
태국 대표 샤부샤부 프랜차이즈, 오리구이도 인기

쭐라 100주년 기념공원
[อุทยาน 100 ปี จุฬาลงกรณ์มหาวิทยาลัย]
홍수 예방을 목적으로 설계된 현대식 공원으로, 넓은 잔디밭이 있어 휴식하기 좋은 곳. 계단식 연못과 산책로가 있다.

쭐라롱껀 대학교
จุฬาลงกรณ์มหาวิทยาลัย
(공립대학교)

Rong Mueang Rd
Phaya Thai Rd

Hua Lamphong
หัวลำโพง
후알람퐁 중앙역
กรุงเทพ

시암 상세

Darul Aman Mosque
(종교적인 장소)

Phetchaburi Rd

Phetchaburi Rd

바이욕 스카이
[Baiyok
84층에 회전 전망대
전망대 입구

Ratchathewi
ราชเทวี

B-STORY
(곰돌이 카푸치노)

짐 톰슨의 집
[Jim Thompson House]
태국 실크 산업을 세계적으로 알린 미국인 사업가 짐 톰슨의 저택으로, 방콕의 대표적인 관광 명소 중 하나.
1959년에 6채의 태국 전통 가옥을 결합한 독특한 저택을 완성. 현재 이곳은 박물관으로 운영되며, 태국 예술품과 짐 톰슨이 수집한 다양한 골동품이 전시되어 있다.

시암 켐핀스키 호텔
[โรงแรมสยาม เคมปินสกี้ กรุงเทพฯ]
휴양지 분위기를 느낄 수 있는 프라이빗 호텔. 방콕에서 가장 넓은 야외 수영장.

팁싸마이
[Thipsamai]
태국에서 가장 유명한 팟타이 전문점
시암파라곤 G층 위치

더 플래티넘 패션몰
[The Platinum Fashion Mall]
방콕의 '동대문 시장'으로 불리는 의류 매장 쇼핑센터

시암 파라곤 층별 주요 매장
• 5층 : 파라곤 씨네플렉스 (영화관)
• 4층 : 부츠 BOOTS (드럭스토어)
• 3층 : 나라야 NARAYA (가방)
• 2층 : 탄 THANN (아로마 용품)
• 1층 : 프라다, 구찌, 자라
• MF층 : 샤넬, 루이비통, 에르메스, %커피
• GF층 : 고메마켓 (식료품관), 파라곤 (푸드코트), 나라 타이 퀴진 (태국 요리), 비스트로 (태국 요리), MK Gold 레스토랑, 민다린 오리엔탈 샵 (디저트)
• BF층 : 씨 라이프 오션 월드 (수족관)

찰럼라 공원
Chaloemla Park
(Graffiti Park)

시암 디스커버리 층별 주요 매장
• 4층 플레이 랩 : 판푸리 PANPURI (스파용품, 디퓨저), 마담 투소 방콕 (밀랍인형 박물관)
• 3층 크리에이티브 랩 : 해비타트 (인테리어용품), 브레이브 로스터즈 (카페)
• 2층 디지털 랩 : 로프츠 (무구)
• 1층 스트리트 랩 : 에코토피아 (친환경 제품)
• G~M층 HER 랩, HIS 랩 : 이세이 미야케 (패션)

Hua Chang (Siam Square)
ทะเลพานคำ ทำ

BRIX Dessert Bar
(팬케이크, 버블티,
시암파라곤 G층)

시암센터 층별 주요 매장
• 2층 푸드 팩토리 : 반잉 Baan Ying (태국 요리), 파스타 아마 Pasta Ama (태국식 퓨전 레스토랑)
• 1층 패션 비지너리 : 그레이 하운드 카페 (카페)
• M층 패션 갤러리아 : 참스앤키스 (가방), 에프터 유 (디저트)
• G층 패션 애비뉴 : 나이키, 언더아머 (스포츠 매장), 러쉬 (입욕제)

아이와 | 명품쇼핑 | 미식체험

시암 파라곤 ★
[Siam Paragon]
방콕을 대표하는 쇼핑몰. 고급 브랜드의 명품관이 많은 것으로 유명하며 지하의 고메마켓에서 쇼핑하는 것도 추천한다.

시암 디스커버리 ★
[Siam Discovery]
방콕에서 가장 트렌디한 쇼핑몰. 현대적인 인테리어가 특징이며, 높은 퀄리티의 로컬 브랜드가 많아 쇼핑 만족도가 높다.

시암 센터
[Siam Center]
젊고 세련된 로컬 브랜드가 주를 이루는 현대적인 대형 쇼핑몰.

방콕 예술문화센터
[Bangkok Art and Culture Centre]
무료로 관람할 수 있는 현대 예술 전시관. 월요일 휴관.

National Stadium
สนามกีฬาแห่งชาติ

Silom Line

Sukhumvit Line

Siam
สยาม

씨라이프 오션월드 방콕
[ซีไลฟ์ แบงคอก โอเชี่ยน เวิร์ล]
거대한 해저 터널을 포함한 다양한 해양 생물들을 가까이서 관찰할 수 있다. 상어 먹이 주기 등 흥미로운 프로그램도 운영. 시암 파라곤 지하 1층 위치.

스카이워크 이용 방법
시암 파라곤 2층 → BTS 시암역에서 칫롬역 방향으로 이어지는 스카이워크 진입) 약 6분 소요

마분콩 센터 ★
[MBK Center]
2000개 이상의 상점이 있는 쇼핑단지. 저렴하게 기념품을 사기 좋으며 흥정하는 재미도 있다. 다만 가품이 많으니 주의.

After You Dessert Cafe
(허니 토스트, 망고빙수)

마분콩 센터 층별 주요 매장
• 8층 : 오피스
• 7층 : 영화관, 게임센터, 샤부샤부 (일식)
• 6층 : 푸드 레전드 (푸드코트)
• 5층 : 렛츠 릴렉스 (마사지, 스파)
• 3층 : 에프터 유 (디저트)
• 2층 : 반 쿤매 Ban Khun Mae (정통 태국 요리), 낙라 무까타 Nak-La Mookata (태국식 샤부샤부), 돈돈돈키 (슈퍼마켓)
• G층(1층) : 탑스 Tops (슈퍼마켓)

빠툼완 공주 호텔
[โรงแรมปทุมวัน ปริ๊นเซส]
MBK센터와 구름다리로 연결되어 쇼핑하기 좋은 호텔. 1층 밖에 야시장이 열린다.

마담 투소 방콕
[Madame Tussauds Bangkok]
실물 크기 밀랍 인형 박물관. 아이와 함께 가기 좋다. 시암 디스커버리 4-6층

시암 스퀘어 원

Sol Chulalongkom 64

시암 스퀘어 원 ★
[Siam Square One]
현지 MZ에게 인기 있는 젊은 분위기의 쇼핑몰. 다양한 패션 브랜드가 있으며 야외 광장에서 여러 이벤트가 열린다.

시암 스퀘어 원 층별 주요 매장
• 7층 : 극장
• 5층 : MK 레스토랑 (수끼), 텐텐 샤부 (샤브샤브)
• 4층 : 쏨분 씨푸드 (태국 요리), 화이트 플라워 팩토리 (태국 요리)
• 3층 : 저널 (태국 로컬 향수)
• 1층~2층 : 니코 앤드 (패션), 럭셔리 29 (편집샵)
• LG층 : 이브엔보이 (뷰티)

파라곤 시네플렉스
[Paragon Cineplex]
시암 파라곤 안에 있는 태국 최대 영화관. IMAX 상영관이 있다. 시암 파라곤 5층

시암 파라곤. 시암 스퀘어 원은 시암역과 연결되어 있어서 건물 밖으로 나가지 않고 이동 가능.

왓
라
[Wat
Wan
Rac
도심
사원
안치

Bandit Witthayalai Alley, Lane 1

Phaya Thai Rd

CU Rd

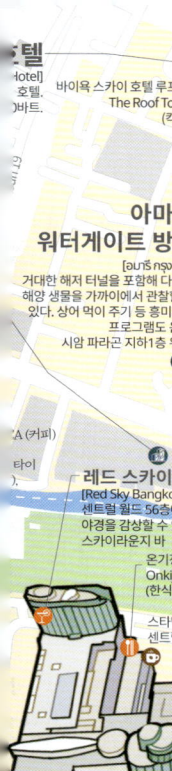

바이욕 스카이 호텔 루프탑 바
The Roof Top Bar
(락끄라일)

인드라 스퀘어
[Indra Square]
방콕 속의 작은 인도. 저렴한 가격으로 쇼핑할 수 있는 쇼핑몰

아마리 워터게이트 방콕
[อมารี กรุงเทพ]
거대한 해저 터널을 포함한 다양한 해양 생물을 가까이에서 관찰할 수 있다. 상어 먹이 주기 등 흥미로운 프로그램도 운영. 시암 파라곤 지하1층 위치.

빠뚜남 시장
[Pratunam Market]
방콕 중심부에 위치한 대규모 의류 도매 시장으로, 태국의 동대문 시장으로 불릴 만큼 다양한 패션 아이템을 저렴한 가격에 구매할 수 있는 곳

BTS 칫롬(Chit Lom) 역에서 하차하여 게이손 백화점을 지나 센트럴 월드를 마주보고 오른쪽으로 이동하면 시장에 도착. 1.4km 약 20분 소요

고앙 프라투남 치킨 라이스
[Go-Ang Chicken Rice Pratunam]
현지인과 관광객 모두에게 인기 있는 카오만까이(태국식 닭고기 밥) 전문점

팔라디움 월드
Palladium World
(쇼핑몰)

The Berkeley Hotel Pratunam
넓은 객실, 야외 수영장, 조식, 쇼핑센터, 헬스장 등 모든 것이 구비된 호텔.

레드 스카이
[Red Sky Bangkok]
센트럴 월드 56층에서 360도 야경을 감상할 수 있는 스카이라운지 바

Pratunam Pier (Outbound)

온끼정 방콕
Onkijung Thailand
(한식당, 비빔밥)

시티 오브 마사지
[City of Massage]
깨끗한 시설로 도심 속 마사지샵. 특히 발마사지가 인기.

스타벅스 리저브 센트럴 월드 1층

빠뚜남 시장 정보

- 상품 종류: 최신 유행 의류, 신발, 가방, 액세서리 등 다양한 패션 아이템을 판매하며, 태국 전통 의상도 만나볼 수 있다.
- 가격: 도매 시장으로 유명하지만, 소매 구매도 가능. 일반적으로 한 가게에서 3벌 이상 구매하면 도매 가격으로 제공되며, 개당 50바트에서 350바트 사이의 가격대로 형성가능.
- 운영 시간: 24시간 운영되지만, 대부분의 상점은 오전 11시부터 오후 4시 사이에 영업.
- 방문 시 유의사항
  소매치기 주의: 시장 내 인파가 많아 소지품 관리에 주의
  혼잡: 가격 흥정이 일반적
  교통 혼잡: 주변 교통이 혼잡하므로, 대중교통 이용 권장

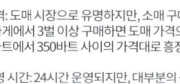
Saphan Wittayu Pier

센트럴 월드
[Central World]
태국 최대 규모 쇼핑몰 중 하나. 식당가 규모가 크고 키즈 카페, 아이스링크장이 있어 가족 단위로 방문하기 좋다.

센트럴 월드 층별 주요 매장
- 7층 : 푸드 월드 (푸드코트), 앤리 유어스 Yenly Yours(망고 디저트)
- 6층 : 캅카우 캅쁠라 (태국 요리), 스파게티 팩토리 (파스타)
- 5층 : 니토리 (생활용품)
- 4층 : B2S (서점, 기념품)
- 3층 : 램짜런 씨푸드 (해산물 요리), 미스 MITH (향수)
- 2층 : 탄 THANN (아로마 용품), 플레이 몬도 (키즈 카페)
- 1층 : 카르마 카켓 (향수), 나라야 (가방), 짐 톰슨 (실크), 더 링크 (아이스링크)

빅씨 랏차담리점
[Big C]
여행 기념품과 현지 간식을 구매하기 좋은 대형 마트 체인점

인터컨티넨탈 방콕
(BTS 칫롬역 대표 고급 호텔로 스파가 유명하다.)

센트럴 칫롬 층별 주요 매장
- 6층 : 로프터 (푸드코트)
- 3층 : 그레이하운드 카페 (카페)
- 1층 : 페드페드랍 (태국 요리), 샐러드 스팀 (샐러드)
- G층 : 디올, 랑콤, 록시땅 (뷰티), 탑스 푸드홀 (마켓)

R Walk Ratchaprasong SkyWalk

Lakshmi Shrine (사원)

게이손 쇼핑센터
Gaysorn Centre

Chit Lom

Open House at Central Embassy
예쁜 서점과 감성 카페가 있는 복합 공간

층별 주요 매장
- 6층 : 오픈 하우스 (서점, 코워킹스페이스)
- 5층 : 쫌쩐 씨푸드 (해산물 요리), 딘타이펑 (딤섬)
- 3층 : 캅카우 캅쁠라 (태국 요리)
- 2층 : 딘 앤 델루카 (카페), 판푸리 (스파용품, 디퓨저)
- 1층 : 랄프 로렌, 프라다, 마리메꼬
- G층 : 샤넬, 버버리, 에르메스, 구찌
- LG층 : 잇타이 Eathai 푸드코트, 렛츠 릴렉스 (스파)

에라완 사당
[Erawan Shrine]
소원을 들어주는 사당으로, 기도하는 사람들로 늘 붐빈다.

게이손 아마린
[Gaysorn Amarin (Gaysorn Village)]
최근 리모델링을 하여 루이비통 카페가 입점한 고급 쇼핑몰

게이손 아마린 층별 주요 매장
- 게이손 센터 1층 : 페트르스 방콕 (미슐랭 레스토랑), 탄생츄어리 스파 (스파)
- 게이손 센터 2층 : 스타벅스 리저브 (카페)
- 게이손 센터 G층 : 올렉스 (시계), 만다린 오리엔탈 샵 (디저트)
- 게이손 타워 12층 : 판푸리 웰니스 (스파)
- 게이손 아마린 4층 : Brewave (바 & 레스토랑), 푸드코트
- 게이손 아마린 G층 : 루이비통 카페 (카페), 빌라 마켓 (식료품점)

센트럴 칫롬
[Central Chidlom]
고급 브랜드가 주로 입점된 깔끔하고 쾌적한 쇼핑몰

디 웰니스 메드 스파
Dii Med Spa

센트럴 엠버시
[Central Embassy]
명품 쇼핑하기 좋은 방콕의 새로운 럭셔리 쇼핑몰

머큐리 빌 칫롬
[The Mercury Ville @ Chidlom]
BTS와 연결된 쇼핑몰로 타코벨, 스타벅스 등 체인점 다수.

머큐리 빌 칫롬 층별 주요 매장
- 4층 : 뭄까파오 (끄라파오)
- 3층 : 카페 아몬드 (카페)
- 2층 : 해브어싯 (태국 요리), 사보이 시푸드 (해산물 요리)
- 1층 : 톤진라멘 (라멘), 타코벨 (패스트푸드), 몽콕 수키야키 (쑤키)

Pheloen Chit

페피나
Peppina at Central Embassy
(나폴리 스타일의 정통 이탈리아 피자)

마하툰 플라자
Mahatun Plaza
(쇼핑몰)

그랜드 센터 포인트 호텔 라차담리 방콕
โรงแรมแกรนด์ เซ็นเตอร์ พอยท์ ราชดำริ
야외 수영장과 주변 시설이 구비된 가성비 호텔. 라차담리역 도보 5분 거리.

카페 타르틴
Café Tartine
(샌드위치, 키슈)

디오라 랑수언
DIORA Langsuan
(스파)

디 앳티니 호텔, 어 럭셔리 컬렉션 호텔, 방콕
[โรงแรม ดิ แอทธินี โฮเทล แบงค็อก, อะ ลักซ์ซูรี คอลเล็คชั่น โฮเทล]
친절한 직원의 서비스가 유명한 호텔. 맛있는 조식과 수영장이 있다. 새로운 럭셔리 쇼핑몰

CHAR Bangkok
(시그니처 칵테일, 와규 스테이크)

올시즌 플레이스
[All Seasons Place]
콘래드 방콕과 연결된 주상복합. 쇼핑과 식사 한 번에 해결 가능.

Ratchadamri

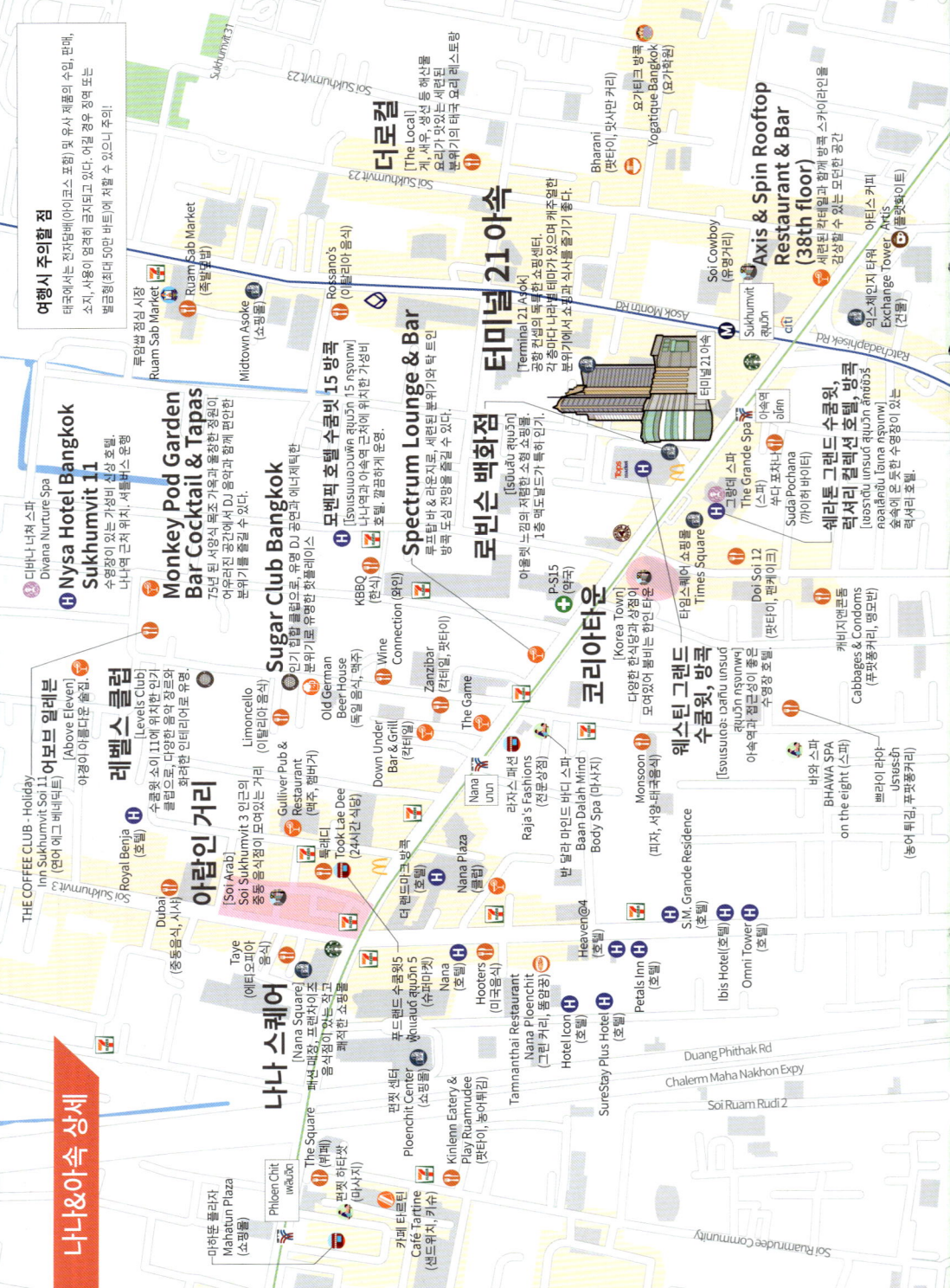

방콕 근교

아유타야
태국의 고대 수도로, 유네스코 세계문화유산으로 지정된 역사적인 도시. 주요 명소로는 왓 마하탓, 방파인 여름 별궁, 왓 프라시산펫 등이 있으며, 각 사원 방문 시 어깨와 무릎을 가리는 복장을 착용하는 것이 예의.

가는법
고속버스 이용하여 버스 금방 또는 기차 타고 → 아유타야에 하차 (약 1시간 소요)

사파리월드
1988년 개장한 태국 최대 규모의 야생 동물원. 사파리월드는 사파리 파크와 마린파크로 크게 나뉜다.

사파리 파크(Safari Park): 차량을 타고 드넓은 초원과 호수에 야생동물을 가까이서 관찰할 수 있다. 사자, 호랑이, 코뿔소 등 다양한 동물들이 자유롭게 뛰어다니는 모습을 볼 수 있고

마린 파크(Marine Park): 다양한 해양 생물과 동물들의 쇼를 관람할 수 있다. 돌고래, 바다사자 쇼, 새 동물쇼 등이 있다.

운영 시간: 매일 오전 9시 ~ 오후 5시
Tip. 단체 놀이에 방문하는 경우, 모자, 선글라스, 선크림 필수. 사파리월드 티켓은 온라인 또는 현장에서 구매가능. 다양한 패키지 상품이 있으며, 한국어 안내 책자도 제공된다.

파타야
파타야는 태국 동부 해안에 위치한 유명한 휴양 도시로, 아름다운 해변으로 유명하다. 방콕에서 약 2시간 거리에 있어 근교여행지로 좋다.

에까마이 동부 버스 터미널에서 고속버스 탑승 → 파타야 버스 터미널에 하차 (약 3시간 소요)

진리의 성전 Sanctuary of Truth

산호섬 Koh Larn

Pattaya North Bus Terminal 출발
149km
2시간 11분 소요

Bang 35km World?

담넌 사두억
100km
1시간 29분 소요

Kanchanaburi 출발
123km
2시간 11분 소요

Auttthaya로 출발
79.5km
1시간 14분 소요

깐짜나부리
깐짜나부리는 태국 서부에 위치한 도시로, 아름다운 자연경관과 함께 역사적인 의미를 지닌 곳으로도, 영화 "콰이강의 다리"의 배경이 된 철교가 있는 곳으로도 유명. 깐짜나부리의 대표적인 명소이다.

Tip. 깐짜나부리는 방콕에서 기차 버스로 이동할 수 있다. 기차는 좀 더 다른 길을 포함한 주변 경관을 감상하며 이동할 수 있어 인기가 많다.

담넌 사두억 수상시장
방콕 수상시장 중 하나로 이국적인 곳으로 배 위에서 열대 과일과 기념품, 포장 음식을 판매하는 독특한 경험을 할 수 있다. 보트를 타고 시장 안으로 들어가면 여러 종류의 상점들이 줄지어 있다. 보트를 타면서 상점 간의 과일들을 판매하기도 한다.

운영 시간: 매일 오전 8시 ~ 오후 4시, 담넌 사두억 보트는 1인당 150바트이며, 현금 결제만 가능하다.

Tip. 수상시장이 매우 개성적인 편은 아니라서 보트 탑승 시 리알, 갈비가격을 잘 확인한 것이 좋은 것. 관광객을 상대로 한 번 가격을 부를 때가 있으니 가격을 잘 확인할 것.

매끌렁 기찻길 시장

운영 시간: 매일 오전 8시 ~ 오후 7시, 기차는 하루에 4회 운행된다. 매끌렁역에서 출발하는 시간은 06:20, 09:00, 11:30, 15:30, 시간 운행전에서 도착하는 시간 08:30, 11:10, 14:30, 17:40

평균 출발 도착 시각 매끌렁역에서 출발하는 시간 ~ 오후 7시, 기념품 등 물 쇼핑들기 좋다. 매끌렁역에 도착하는 시간 변경할 수 있어서 현지 안내를 확인한 후 정확한 시간을 확인하는 것이 좋다.
Tip. 투어가 아닌 개인적으로 방문한다면, 단체 여행객과 고생보다 또는 옛날 피할 수 있는 오전 이른 시간 방문 추천.

기찻길 위를 형성된 시장으로, 기차가 지나갈 때마다 상인들이 재빠르게 물건을 치우고 파라솔을 접었다 펼치는, 기차가 시장 한가운데를 지나가는 매끌렁에서 가장 독특한 시장이라는 명성을 가지고 있어 많은 실제로는 안전하게 운영되고 있다.

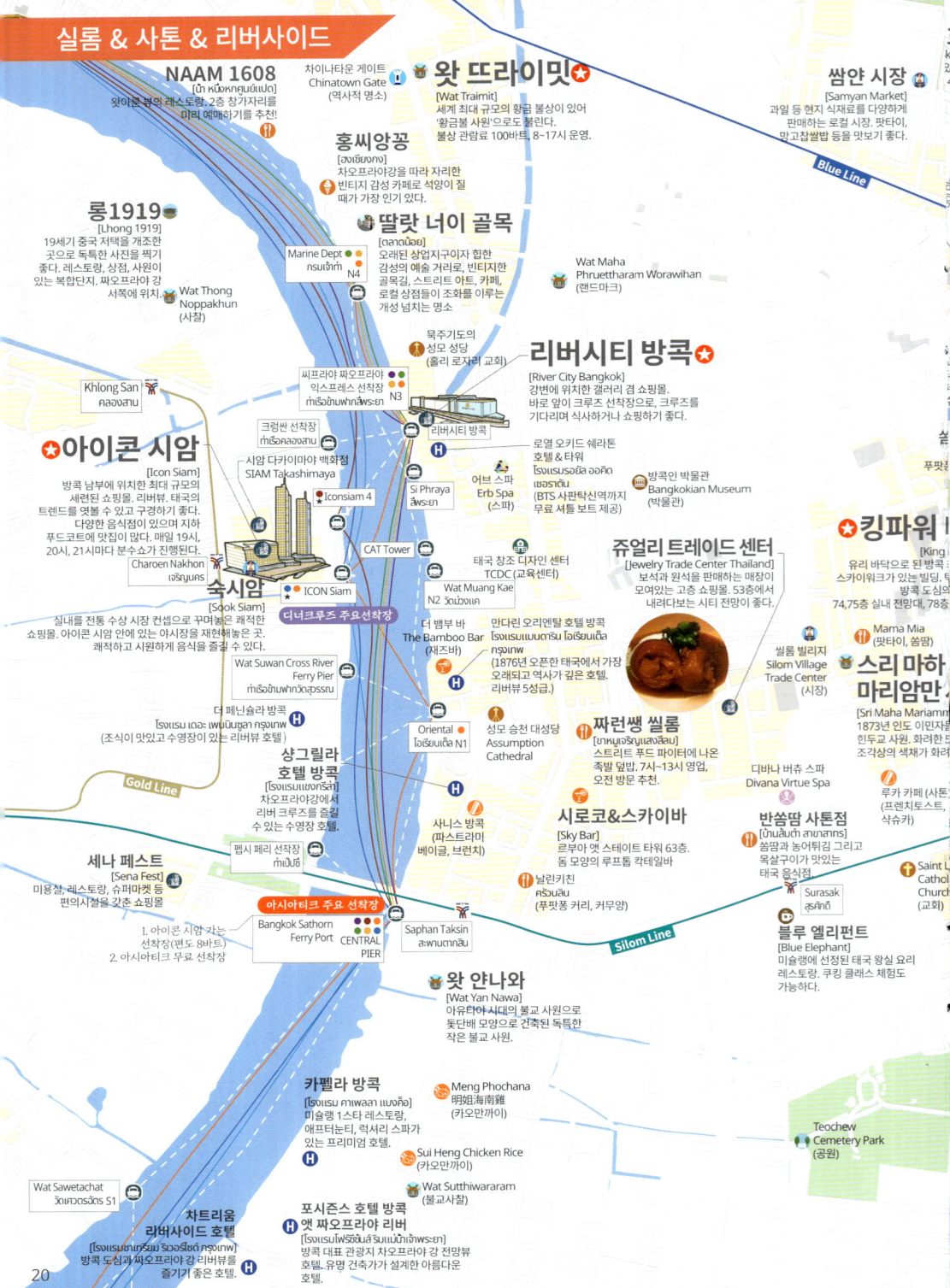

쌈얀 밋타운
[Samyan Mirrtown]
뿅뿅 지구오락실에 등장한 쇼핑몰.
현지 대학생들이 많아 젊은 분위기로,
한국 광장시장 맛집이 있는 한식 푸드코트와
시티뷰 루프탑이 있다. 깔끔하고 쾌적한
쇼핑몰로 BTS 역과 바로 연결되어 교통이 편리.

짬쭈리 스퀘어
[Chamchuri Square]
현지 대학생들이 이용하는 쇼핑몰로 MRT
쌈얀역에서 연결되어 접근성이 좋은 곳.
한적하고 여유롭게 쇼핑을 즐기기 좋다.

Ⓜ Samyan MRT สามย่าน

왓 후알람퐁
[Wat Hua Lamphong]
화려한 샹들리에가 달린 왕실 불교 사원.
승려가 거주하며, 24시간 운영. 지하철역
근처여서 접근성이 좋다. 입장료 40바트.

르 메르디앙 방콕 스파
SPA by Le Méridien

크라운 플라자 방콕 룸피니 파크
[โรงแรมคราวน์พลาซ่า กรุงเทพ ลุมพินีพาร์ค]
스파와 수영장이 있는 프리미엄 호텔. 씰롬BTS역 근처 위치.

타니야 플라자 Thaniya Plaza
(골프용품을 주로 판매하며
일식 식당이 다수 입점한 쇼핑몰)

Ⓜ Si Lom สีลม

Sarasin Rd

룸피니 공원
[Lumphini Park]
방콕의 센트럴파크. 피크닉하기
좋으며, 귀여운 길냥이와 물
도마뱀을 볼 수 있다. 중앙
호수에서 무료로 패들보트 탑승
가능.

소 방콕
โรงแรมโซ แบงคอก
(룸피니 공원뷰를 즐길 수
있는 호텔로 유명)

Blue Line

Sala Daeng BTS Station ศาลาแดง

씰롬 콤플렉스
[Silom Complex]
1993년 오픈. 유명 브랜드의 매장,
마트, 푸드코트, 프랜차이즈 식당이
있는 아담한 쇼핑몰. BTS 연결되어
교통 접근성이 좋다.

노스이스트
[Northeast]
누구나 호불호 없이 즐길 수 있는
태국 요리. 게살볶음밥, 똠얌꿍커리
추천.

분 씨푸드
[สมบูรณ์โภชนา]
똠얌꿍커리가 맛있는
해산물 음식점.

마하나컨
Power MaHaNakhon
최고의 전망대 마하나컨
스카이. 오픈된 공간에서 화려한
스카이라운지 감상 가능.
야외 전망대. 일몰 시간
성인 입장료 1080바트.

컨벤트 로드
[Convent Road]
<스트리트 푸드 파이터>에 나온
길거리 음식 노점 거리

EAT ME RESTAURANT
(양고기 갈비, 퓨전요리)

Ojo Bangkok
(과카몰레,
새우 요리)

킹파워 마하나컨

총논시역 ช่องนนทรี

스카이 비치 방콕
สกายบีชกรุงเทพ
(칵테일바)

W 방콕
[โรงแรมดับเบิลยู กรุงเทพ]
BTS 총논시 역 도보 약 5분.
감각적인 인테리어의 호텔.

Saint Louis เซนต์หลุยส์

애스콧 사톤 방콕
[애스콧 사톤 바방콕]
야외 수영장과 스파가 있는
아파트 타입 호텔.

그라운드 커피
(브런치, 베이글
샌드위치)

Ascott Embassy Sathorn Bangkok
[โรงแรมแอสคอทท์ เอ็มบาสซี่ สาทร กรุงเทพ]
친절한 서비스와 쾌적한 객실이
있는 시티뷰 호텔.

Sathorn Vista, Bangkok - Marriott Executive Apartments
깨끗한 시설, 친절한 서비스,
야외 수영장이 있는 호텔.

Kenn's 커피 &
크로아상
(시금치 크로와상,
레몬 크로와상)

반얀 트리 스파 방콕
Banyan Tree Spa Bangkok

버티고 & 문 바 루프탑
[Vertigo & Moon Bar Rooftop]
아름다운 일몰과 야경을 감상할 수
있는 루프탑 바

실롬 แขวงสีลม

사톤 เขตสาทร

SC SPA

룰라바이 스파
Lullaby spa
(스파)

방콕 시티시티 갤러리
BANGKOK CITYCITY
GALLERY
(아트 갤러리)

JC Kevin Sathon Bangkok Hotel
[โรงแรมเจซี เควิน สาทร กรุงเทพฯ]
38층 루프탑바, 수영장, 헬스장 등
부대시설이 잘 갖춰진 호텔.

짜뚜짝 시장 상세

짜뚜짝 주말시장 쇼핑할 때 Tip!

- 시무일 열게 방문하는 곳이 많이 없으므로 10:00~11:00 방문 추천.
- 시장이 매우 크고 복잡하므로 한 번 지나친 곳은 다시 찾아오기 어렵다. 마음에 드는 것을 발견하면 바로 구매하자! 혹은 매장 번호가 적힌 표지판을 사진으로 찍어두자!
- 아시 시장이라 가격대에 실내에 충분한 수분의 화장실을 찾아하기 쉽지 않다. 짜뚜짝 내부는 물론, 실내 쇼핑몰(믹스 짜뚜짝)을 제외하고 대부분 화장실 이용료가 정해지고 스메치기에 주의해야 한다.
- 큰길 가지고 바지재다는 젊은 감성의 힘한 옷과 소품을 구매하고 싶다면 2번, 3번 세션을 추천, 다른 세션보다 주변 상품들이 신세대 취향의 제품을 판매한다.
- 열대야 지역다 되면 피로가 몰려가 정소를 정해두자. 정오부터 오후 시간 이내가 휴식지에 있어 만나가 장 중심하여 세션 16과 17 사이에 가게들이 있어 관광 여행을 추천.

짜뚜짝 주말시장 위치

- 짜뚜짝 시장은 크게 30개 세션으로 구분되어 있다.
- 짜뚜짝 입구에서 쇼핑은 오른 세션을 돌아보기 어려우니, 관심 있는 곳만 선택해서 가는 것을 추천.
- 참고 활동 GLN, 신용카드 등이 결제 가능 (구입 모든 매장에서 GNL 결제 가능)
- 짜뚜짝 시장 내에 화장실은 유료이므로 시장 내에 두고 화장실 이용 유주 추천. 무료인지 나 모바일로 확인 가능 (https://onamap.me/maps/ChatuchakMarket/)
- 세션 내의 간단표 소이(Soi)로는 분류해, 번호로 6번까지 총 6개 변호가 매겨져 있다.
- 각 소이마다 세션(Section)과 소이(Soi)가 적힌 표지판이 천장 위에 달려 있어 위치를 파악할 수 있다.
- 일부 매장에서 바로 있다. 매장 입구 위치 표지판이 있으며 [세션 - 매장번호 - 소이] 순으로 적혀있다.

세션별 판매 품목
1. 29 : 골동품, 엑세서리, 타로 있기, 서적
2. 3, 4 : 젊은 감성의 옷과 엑세서리
5. 6 : 빈티지 의류, 빈티지 신발
7 : 미술품, 그림
8. 조각, 스마 제품, 인센스
9. 10, 11 : 조화, 바구니, 수공예품, 기념품
12. 14, 21, 22, 23, 24 : 의류, 엑세서리, 가방, 신발
13 : 염색, 가방, 동물용품
15. 19, 20 : 식기, 도자기, 목자기, 홈데코, 중에코
16. 17, 18 : 의류, 하이킹 용품, 가족용품
25 : 도자기, 실크
26 : 골동품, 줄데크, 실크, 엑자
27. 28 : 서적, 수공예품, 접화
30 : 의류, 잡화

디스커버리 어린이 박물관
[www.sfun.fn.nnsyunwnnuns un(or.1]
태국 최초의 어린이 박물관으로, 아이들의 놀이를 통해 배우고 성장할 수 있도록 다양한 15세트, 체험형 전시물과 활동을 제공하고 있다. 짜뚜짝 시장 근처에 위치하고 있어 시장 방문 전후에 들르기 좋다. 입장료 무료.

티크우드 식기, 커트러리
위치: 세션 8 - 소이 15/1
가격: 수저받침 15바트, 티스푼 6매 100바트, 샐러드볼 100바트
남발만으로 해체한다.

라탄 자개 제품
위치: 세션 9 - 소이 13/2
가격: 라탄 자개를 결합한 티스크스 75바트

JJ 펫 마켓
[JJ Pet Market]
동물용품과 정기, 문희 리털까지, 먹스 짜뚜짝과 짜뚜짝 시장 사이에 위치하고 있어, 시장에 들렀다면 재밌삼을 느낄 수 있어 방문을 추천하지 않는다.

JJ몰
[JJ Mall]
JJ몰은 짜뚜짝 시장 북쪽에 위치한 쇼핑몰로, 다양한 종류의 음식점과 및 여행 관련 제품을 판매한다. 매일 10:00 ~ 19:00 (토, 일요일 20:00)

라탄 가방
위치: 세션 9 - 소이 13/2
가격: 작은 가방 140
바트부터 사작한다

조화, 바구니, 수공예품, 기념품

염색, 기념품, 동물용품

믹스 짜뚜짝
[Mixt Chatuchak]
짜뚜짝 북쪽에 위치한 쇼핑몰로, 짜뚜짝 시장에서 파는 대표 상품들(일리셈리, 빈지, 수공예품, 의류, 식기, 악세서리, 스카프, 과일 쥬스 바로, 아동, 슬리퍼 등)을 구매할 수 있다.

믹스 짜뚜짝 Mixt Chatuchak
- **영업시간:** 매일 10:00~20:00 (금~일요일 21:00)
- 시장보다는 조금 더 높은 가격에 판매하는 대신 쾌적한 환경설을 무료로 이용 가능하다. 시원한 실내에서 쇼핑이 일려지지 않는 평일이나 소방볼 수 있어 여기다. 카페, 푸드코트도 있어 짜뚜짝 시장 구경 중 더위에 지칠 때 수 있어 좋다.
- 여행객들에게 인기 있는 타일랜드 100년식, 나라야 매장 입점. 쇼핑시 문 추천.

짜뚜짝 주말시장 운영시간
- **토요일, 일요일:** 오전 9시 ~ 오후 6시
- **금요일:** 오후 6시 ~ 자정
- **수요일, 목요일:** 오전 7시 ~ 오후 6시 (식물 세션만 운영)
* 평일에는 문 닫은 곳이 많아서, 주말에 방문하는 것을 추천.
* 평일 방문 예정이라면 믹스 짜뚜짝을 추천.

viva8
짜뚜짝에서 대형공을 하는 분위기, 즐거운 밤 보내기에 안성맞춤

빈티지 의류, 빈티지 신발

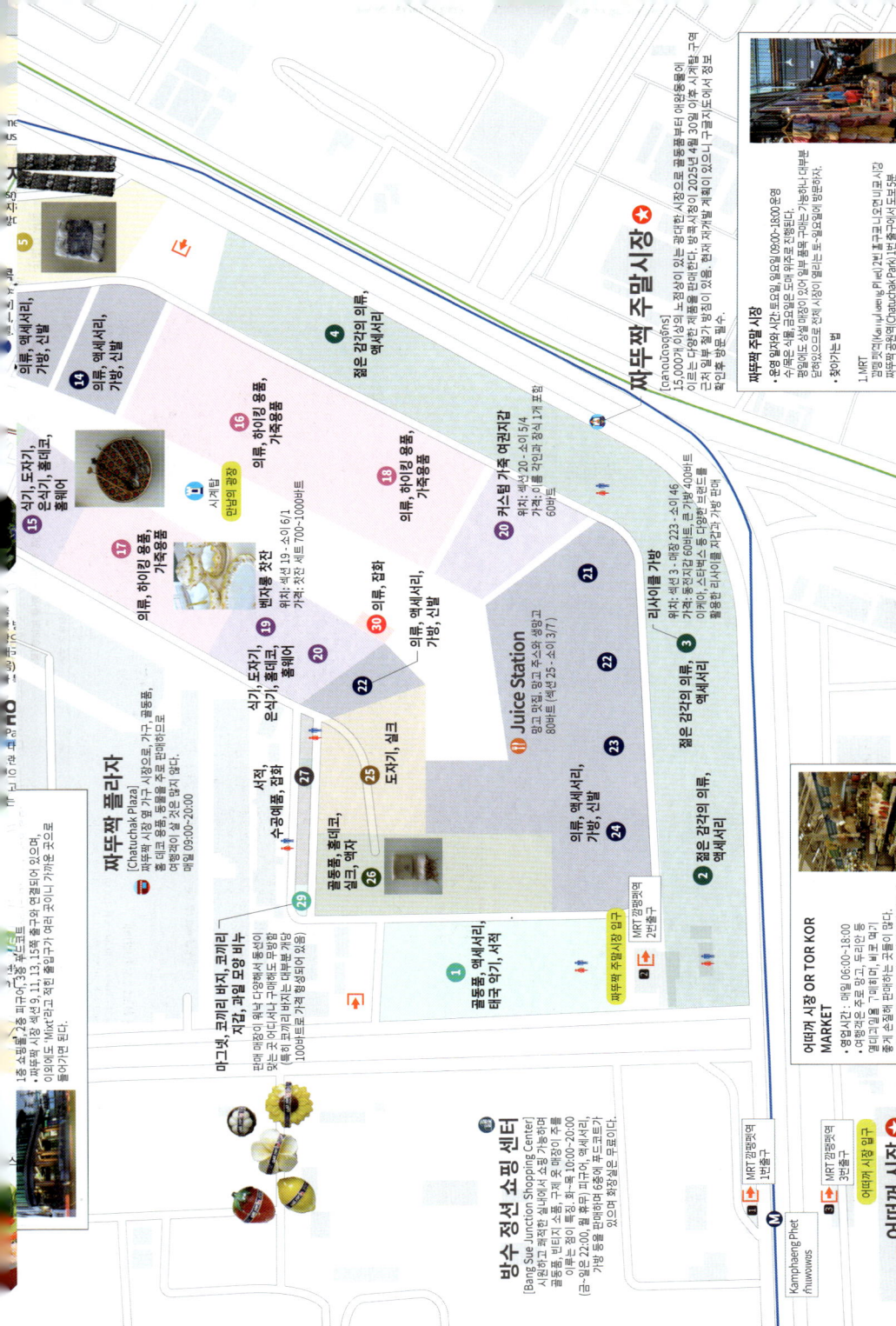

방콕의 역사

방콕

볼거리 먹거리 가득한 동남아 여행의 성지

라마 1세가 지금의 위치로 수도를 옮긴 이후로 240년 넘게 태국의 정치, 경제, 문화 중심지 역할을 하고 있는 대도시 방콕. 풍부한 음식, 타이 마사지, 화려한 호텔과 쇼핑몰 등을 상대적으로 저렴한 물가로 즐길 수 있어 동남아시아의 대표적인 관광도시로 꼽힌다.

방콕 주요 관광 구역
1. **구시가지 (올드시티)**: 방콕의 역사와 전통을 느낄 수 있는 구역.
2. **왕궁**: 방콕의 랜드마크인 왕궁, 왓 포, 왓 프라깨우 등이 모여있다.
3. **카오산 & 방람푸**: 다양한 숙소와 식당이 모여있는 구시가지의 번화가.
4. **차이나타운**: 세계에서 가장 큰 차이나타운 중 하나로, 길거리 노점과 시장이 발달.
5. **톤부리**: 짜오프라야강 기준 왼쪽 구역으로, 강변을 따라 고급 호텔과 초대형 쇼핑센터가 들어서 있다.
6. **두싯**: 위만멕 궁전 등이 유명했으나, 현재 일반인에게 공개되지 않고 있어 최근에는 여행자들이 잘 찾지 않게 된 구역.
7. **신시가지**: 각종 쇼핑센터가 밀집된 현대적인 상업 구역.
8. **시암**: 방콕을 대표하는 쇼핑구역. 시암역을 중심으로 대형 쇼핑몰이 밀집해 있다.
9. **쑤쿰윗**: 시암 못지 않게 발달한 번화가. 쇼핑몰은 물론 호텔, 식당이 많이 늘어서 있다.
10. **씰롬 & 사톤**: 고층 빌딩이 많은 금융 중심지이자 고급 호텔이 다수 모여있는 곳.
11. **짜뚜짝 & 아리**: 대형 시장이 열리는 구역이며 짜뚜짝, 힙한 카페가 모여있어 방콕의 성수동으로 불리는 아리.
12. **통로 & 에까마이**: 방콕의 트렌디한 지역으로, 세련된 카페, 바, 레스토랑, 라이프스타일 숍이 밀집해 있다. 방콕의 상류층과 외국인 거주자들이 많이 모여 있어 도쿄, 서울, 뉴욕 같은 도시적인 분위기를 느낄 수 있는 곳이다.
13. **랏차다**: 야시장, 클럽이 모여있어 방콕의 나이트라이프를 즐길 수 있다.

방콕 역사

1. 초기 시대 (아유타야 왕국 이전)
방콕 지역은 원래 짜오프라야 강 하류의 습지대로, 작은 어촌과 교역 중심지로 시작되었다.
아유타야 왕국 시대 이전에는 크메르 제국과 몬족의 영향을 받으며 점차적으로 발전했다.

2. 아유타야 왕국 시대 (1351년 ~ 1767년)
아유타야 왕국이 태국의 중심지로 성장하면서, 방콕 지역 또한 중요한 전략적 요충지로 부상했다. 방콕은 아유타야 왕국의 남쪽 관문 역할을 수행하며 해상 교역의 중심지로 발돋움했다. 17세기에 들어서 유럽과의 교류가 활발해짐에 따라, 방콕 지역은 서양 문화의 영향을 점차적으로 받아들이게 되었다. 1767년 아유타야 왕국은 결국 버마의 침공으로 인해 멸망하게 되었다.

3. 톤부리 왕국 시대 (1768년 ~ 1782년)
아유타야 왕국이 멸망한 후, 딱신 왕은 버마의 침공을 성공적으로 격퇴하고 톤부리에 새로운 수도를 건설했다. 톤부리 왕국을 세워 분열된 시암(태국)을 재통일했다. 톤부리는 짜오프라야 강 서쪽에 위치하여 방어에 유리했을 뿐만 아니라, 해상 교역에도 매우 편리한 지리적 이점을 가지고 있었다.

4. 랏따나꼬신 시대 (1782년 ~ 현재)
1782년, 라마 1세는 딱신 왕을 몰아내고 짜끄리 왕조를 세웠다. 수도를 짜오프라야 강 동쪽의 현재 방콕 지역으로 옮겨 도시를 재건하였고, 이후 방콕은 랏따나꼬신 시대의 수도로서 정치, 경제, 문화의 중심지로 발돋움했다. 라마 5세(쭐라롱꼰 대왕)의 근대화 정책 추진은 태국을 근대 국가로 발전시키는 데 크게 기여했으며, 20세기에 들어서며 방콕은 정치적 변화와 경제 성장을 거듭하며 동남아시아의 주요 도시로 자리매김했다.

5. 주요 영향
1) **짜오프라야 강**: 방콕은 짜오프라야 강을 중심으로 발달한 수상 도시로서 독특한 문화를 형성.
2) **불교**: 태국의 국교인 불교는 방콕의 문화와 예술에 큰 영향을 미쳤으며, 많은 사원과 불교 유적지가 남아있다.
3) **왕실**: 태국 왕실은 방콕의 역사와 문화에 중요한 역할을 담당했으며, 왕궁은 방콕의 대표적인 랜드마크.
4) **서양 문화**: 19세기 이후 서양과의 교류가 활발해지면서 방콕은 서양 문화의 영향을 받아 근대적인 도시로 발전.

태국 왕조 요약

태국은 수코타이에서 시작해 아유타야의 전성기를 거쳤고, 톤부리 왕국의 노력으로 독립을 지켜낸 후 짜끄리 왕조로 오늘날까지 이어져왔다.
태국에는 아름다운 왕궁과 많은 사원들이 있는데, 차크리 왕조의 수호사원으로서 에메랄드 사원과 수코타이 중심부에 있는 최대 사원인 왓 마하텃, 유서깊은 절왓 아룬 등 3진여개에 달하는 크고 작은 사원은 아름답기 그지없다. 태국의 최대 종교는 소승불교로, 태국 문화에서 빼놓고 말하기 힘들 정도로 핵심적인 지위를 누리고 있다.

태국 왕조의 역사와 방콕에서 볼 수 있는 대표 건축물

1. 수코타이 왕조 (1238–1438)
1) **역사**: 태국 최초의 독립 왕국으로, 태국 문자의 기틀을 세우고 불교 중심의 문화를 발전시킨 황금기. "태국 문화의 탄생기"로 불린다.
2) **대표 건축물**:
   (1) **왓 수탓(Wat Suthat)**: 수코타이 스타일의 불상이 안치된 사원.
   (2) **방콕 국립박물관**: 수코타이 시대의 불상 및 유물 전시.

2. 아유타야 왕조 (1350–1767)
1) **역사**: 국제 무역의 중심지로, 불교 문화와 예술이 발전했다. 태국 특유의 예술과 건축 양식을 형성. 1767년 버마의 침공으로 멸망. 한국의 조선 시대처럼 태국 고유의 전통이 정립된 시기라고 볼 수 있다.
2) **대표 건축물**:
   (1) **왓 아룬(Wat Arun)**: 아름다운 새벽의 사원.
   (2) **왓 프라 체투폰(왓 포, Wat Pho)**: 아유타야 시대의 전통 불교 교육과 예술이 집약된 사원.

3. 톤부리 왕조 (1767–1782)
1) **역사**: 아유타야 멸망 후, 탁신 대왕이 혼란을 수습하며 짧게 지속된 왕국. "태국의 독립을 지킨 전환점"으로 평가받는다.
2) **대표 건축물**:
   (1) **왓 아룬(Wat Arun)**: 톤부리 시대에 재건되어 탁신 대왕과 연결된 상징적인 사원.
   (2) **탁신 기념비(King Taksin Monument)**: 탁신 대왕의 업적을 기리는 기념비.

4. 차크리 왕조 (1782–현재)
1) **역사**: 현재까지 이어지는 왕조로, 방콕을 수도로 삼아 태국의 근대화와 발전을 이끌어 옴.
2) **대표 건축물**:
   (1) **왕궁(Grand Palace)**: 짜끄리 왕조의 왕권과 태국 예술의 정점.
   (2) **에메랄드 사원(Wat Phra Kaew)**: 태국에서 가장 신성한 사원으로 왕실과 불교의 상징.

방콕의 역사를 이해하는데 필수적인 인물

1. 라마 1세 (King Rama I, 1737–1809):
짜끄리 왕조의 창시자
딱신 왕을 몰아내고 짜끄리 왕조를 세움. 수도를 톤부리에서 짜오프라야 강 동쪽의 방콕으로 옮기고 도시를 재건.
방콕을 랏따나꼬신 시대의 수도로 만들고 정치, 경제, 문화의 중심지로 발전.

2. 딱신 왕 (King Taksin, 1734–1782):
톤부리 왕조의 창시자
아유타야 왕국 멸망 후 버마의 침공을 격퇴하고 톤부리에 새로운 수도를 세움. 톤부리 왕국을 세우고 시암(태국)을 재통일함.
혼란스러운 시기에 시암을 재건하고 안정을 가져왔다.

3. 라마 5세 (King Chulalongkorn, 1853–1910):
쭐라롱꼰 대왕
근대화 정책을 추진하여 태국을 근대 국가로 발전 시켰다.
행정, 교육, 군사 등 다양한 분야에서 개혁을 단행. 외세의 침략 속에서 태국의 독립을 지켜냄

방콕 살만한 것들 일반정보

방콕에서 살만한 것들

먹거리

1. 차트라뮤 타이 밀크티
2. 똠얌꿍 컵라면
3. 스윗비 허니 망고 (반건조 망고)
4. 김 과자
5. 왕실 꿀, 도이캄 꿀
6. 피트네 FITNE 차

7. 벤또 Bento 쥐포 스낵
8. 옥수수젤리
9. 코끼리 망고 젤리
10. 쿤나 코코넛 와플

생필품/화장품

1. 폰즈 POND'S 파우더
2. 마담행 비누
3. 선실크 헤어팩
4. 쿨 생리대
5. 야돔 (코막힘에 추천)
6. 코코넛 오일

기념품

1. 코끼리 인형
2. 라탄 소품
3. 나무 식기
4. 벤자롱 찻잔
5. 타니야 세라믹

방콕에서 꼭 먹어야 할 음식

팟타이 ผัดไทย
달콤 새콤 짭조름한 태국 대표 볶음면

카오팟 ข้าวผัด
밥, 고기, 달걀 등을 볶은 태국식 볶음밥

똠얌꿍 ต้มยำกุ้ง
새우와 향신료가 들어간 태국식 수프

카오 니아우 마무앙 ข้าวเหนียวมะม่วง
찹쌀밥에 코코넛밀크와 망고를 넣어 먹는 디저트

꾸어이띠여우 룩친쁠라 ก๋วยเตี๋ยวลูกชิ้นปลา
일명 '어묵국수'라 불리는 어묵을 넣은 쌀국수

카오만까이 ข้าวมันไก่
닭 기름을 넣어 만든 닭고기 덮밥

꾸어이띠여우 ก๋วยเตี๋ยว
길거리에서 흔히 보이는 태국식 쌀국수

푸팟퐁커리 ปูผัดผงกะหรี่
푸팟커리파우더와 계란, 우유 또는 코코넛 밀크를 넣은 태국식 게 커리 볶음

시내 대중 교통

시내 대중교통

1. BTS 스카이트레인 (BTS SkyTrain)
방콕 도심을 편리하게 이동할 수 있는 지상철
- 노선은 총 3가지(쑤쿰윗, 씰롬, 골드)이며 쑤쿰윗과 씰롬 라인으로 대부분의 관광지 이동 가능
- 05:15~24:00경 운행/ 17~62바트 (거리별 상이)
- 쑤쿰윗/씰롬 라인 3~8분 간격, 골드 라인 15~20분 간격
- 역 내 창구 혹은 자동판매기에서 목적지 역을 선택해 1회권 카드(Single Journey Card) 구매
- 승차시에는 1회권 카드를 게이트 상단 카드 리더기에 탭하고, 하차시에는 게이트 투입구에 카드를 삽입
- 1회권 카드는 구매 당일에만 사용 가능하며 최초 승차로부터 120분 시간 제한 있음
- BTS와 MRT는 별개 시스템, 교통 환승 구역에서 별도 티켓 탑승

2. MRT
방콕 주요 관광지를 잇는 지하철 노선은 총 4가지(블루, 퍼플, 옐로우, 핑크).
여행자는 주로 블루 라인만 이용한다.

- 블루 라인 기준 06:00~24:00, 4~7분 간격 운행
- 블루 라인 기준 17~30바트 (거리별 상이)
- 역내 혹은 자동판매기에서 1회권 토큰(Single Journey Token) 구매 (어린이와 노인은 창구에서만 구매 가능)
- 승차시에는 1회권 토큰을 게이트 상단에 탭하고, 하차시에는 게이트 투입구에 토큰을 삽입
- 비자 혹은 마스터카드에서 발급된 컨택리스 신용/체크카드도 사용 가능 (와이파이 로고 있는 카드)
- 마찬가지로 BTS와는 별개의 전철이므로 직접 환승은 불가능

3. 버스
- 에어컨 있는 버스는 15~20바트, 에어컨 없는 버스는 8~10바트
(거리와 노선에 따라 상이)
- 버스에 탑승해 앉아 있으면 안내원이 돌아다니며 요금을 받으며, 목적지를 말하면 탑승권과 거스름돈을 준다
- 기본적으로 현금 결제이나, 신형 버스 등 일부 버스는 비접촉식 결제 가능
- 불시 검표를 하므로 받은 탑승권은 내릴 때까지 소지 필수
- 교통 체증이 심해 구글맵 및 버스 정류장 모니터 상의 도착 정보가 정확하지 않은 경우가 많으니 참고

4. 미터 택시
- Taxi Meter라고 표시된 택시를 타는 것을 추천
- 기본 요금 1km 35바트 (거리에 따라 요금 부과)
- 승차 거부가 많아 탑승 전에 미리 행선지를 물어야 함
- 기사가 미터기를 켜지 않거나 흥정을 요구하는 경우가 많으므로 주의 필요

5. 그랩 Grab / 볼트 Bolt
- 미터 택시보다 비싸지만 승차 거부나 흥정 스트레스가 없어 편리한
택시 호출 앱
- 그랩은 차량이 많으며, 볼트는 차량은 적지만 그랩보다 저렴한 편
- 볼트 기준 기본 요금 1km 45바트 (차종, 거리, 시간대에 따라 요금 부과)

6. 툭툭
- 오토바이를 개조한 삼륜차로 단거리 이동에 편리하지만 관광객 대상으로 흥정을 요구하는 경우가 많고 사고 위험이 커서 추천하지 않음
- 툭툭 앱 무브미(MuvMI) 호출 시 정찰제 요금으로 흥정 없이 이용 가능(태국 현지 번호 없이 앱 사용)

7. 수상보트
방콕에는 짜오프라야강과 곳곳의 운하를 따라 다양한 수상보트가 운행된다.
교통 체증을 걱정 없이 강변에 위치한 여행지로 빠르게 이동하기 좋으며,
해가 질 때는 아름다운 전망을 감상하기도 좋다.

tip. 주요 여행지와 가까운 수상보트 선착장 이용
- 카오산 로드: 프라아팃 Phra Athit
- 왕궁, 왓 프라깨우: 타 창 Tha Chang
- 왓 아룬: 왓 아룬 Wat Arun
- 차이나타운: 랏차웡 Ratchawong
- 리버시티 방콕(쇼핑몰): 씨 프라야 Si Phraya
- 아이콘 시암: 아이콘 시암 Iconsiam
- 만다린 오리엔탈 호텔: 오리엔탈 Oriental
- 사판탁신역(BTS 전철역): 사톤 Sathron
- 아시아티크: 왓 랏씽콘 Wat Rajsingkorn

1) 짜오프라야 익스프레스 보트 Chao Phraya Express
보트 위에 단 깃발 색상에 따라 총 5가지 노선(오렌지, 옐로우,
그린 옐로우, 골드, 레드)으로 구분되며, 오렌지 라인에 모든 주요 관광지가 연결되어 있다.

- 오렌지 라인 기준 평일 06:00~18:10, 토요일 07:30~17:40, 일요일 08:30~17:40
- 16~33바트 (노선별 상이, 오렌지 라인 기준 16바트)
- 선착장 혹은 탑승 후 직원에게 현금으로 지불

2) 짜오프라야 투어리스트 보트 Chao Phraya Tourist Boat
- 아이콘 시암, 왓 아룬, 왕궁 등 주요 관광지에 근접한 9~10개 선착장에만 정차하는 여행자용 파란색 수상 보트 (블루 보트)
- 경로 : 프라아팃 - 프라녹 - 타 마하랏 - 타 창 - 왓 아룬 - 라지니 - 랏차웡 -
아이콘 시암 - 사톤 - (15:30 이후)아시아티크
- 1회권 45바트, 1일권 (All Day River Pass) 150바트
- 1일권 구매시 당일 무제한 승하차 가능
(하루 4곳 이상 이동할 경우 추천)
- 08:30~19:15 운행 (약 30분 간격)

3) 크로스 리버 페리 (르아 캄팍) Cross River Ferry
- 한 선착장에서 강을 가로질러 반대편 선착장으로 이동하는 수상 보트
- 익스프레스 보트 타는 곳과 입구가 다르니 주의
- 여행자는 주로 타 띠엔(Tha Tien) ↔ 왓 아룬(Wat Arun) 구간을 이용하며,
요금은 5바트(구간별 상이, 현금만 가능)

4) 쌘쌥 운하 보트 Khlong Saen Saep Boat
- 도심에 흐르는 좁은 운하(클렁 Khlong)을 따라 운행하는
수상 보트
- 판파 릴랏 - 쁘라뚜남 - 통로 - 방까피 구간 운행
- 나나, 아쏙, 통로, 에까마이 등으로 이동하기 좋다
- 12~22바트 (거리별 상이)
- 탑승 후 직원에게 현금으로 지불

교통 일반정보

교통 & 관광 패스

	BTS 1일권 One-Day Pass	래빗 카드 Rabbit Card	MRT 플러스 카드	왕궁 통합권
설명	- BTS를 하루 동안 무제한으로 탑승할 수 있는 원데이 패스 - BTS 스카이트레인에서만 사용 가능하며, MRT(지하철)에서는 사용할 수 없음. - BTS 역내 창구, 여행사에서 구매 - 승차와 하차시 모두 게이트 상단 카드 리더기에 탭하기 - 카드 구매 당일 자정(24:00) 까지만 유효하므로 되도록 오전에 구매 추천	- BTS를 편리하게 탑승할 수 있는 충전식 교통카드 - BTS 역내 매표 기계에서 구매하거나(여권 지참 필수) 여행사에서 구매 - 승차와 하차시 모두 게이트 상단 카드 리더기에 탭하기 - 최소 잔액 15바트 이상 남아있어야 사용 가능 - 일부 편의점, 스타벅스, KFC, 맥도날드 등에서도 사용 가능 - 카드 유효기간 5년	- MRT를 편리하게 탑승할 수 있는 충전식 교통카드 - 카드 반납시 보증금과 잔액 환불 가능 - MRT 역내 매표 기계에서 구매 카드 유효기간 10년	- 왕궁 입장권에 아래와 같은 무료 관람 혜택이 포함되어 있다 　◦ 왕궁, 왓 프라깨우, 왓 프라깨우 박물관, 쌀라 찰럼끄룽 왕립극장 공연, 아유타야에 있는 Arts of the Kingdom Museum 　◦ 쌀라 찰럼끄룽 왕립극장 공연 : 약 30분의 전통 춤 공연으로 평일 13:00, 14:30, 16:00 총 3번 진행한다. 왕궁에서 극장으로 가는 무료 셔틀 운영
가격/ 종류	- 150바트 (구매 후 환불 불가)	- 200바트 (보증금 100바트 + 최소 충전 비용 100바트)	- 180바트 (보증금 50바트 + 발급 수수료 30바트 + 최소 충전 비용 100바트)	- 500바트

방콕 수완나품 공항에서 시내까지

방콕은 교통체증이 워낙 심하기 때문에 차량 통행이 많은 낮에는 공항철도를 이용하는 것이 가장 좋다. 다만 현재 인천에서 출발하는 직항 비행기는 공항철도 막차가 끊기는 자정 이후에 도착하는 경우가 많아 택시, 그랩(혹은 볼트), 픽업 서비스 중 하나를 이용해야 한다. 다행히 밤에는 교통체증이 없어 약 40분만에 시내로 진입할 수 있다.

1. 일반 택시 Public Taxi (약 40분 소요, 교통 상황에 따라 다름)
- 아속역 기준 약 400~500바트 (공항 이용료, 톨게이트비 포함)
- 공항 Public Taxi 키오스크에서 'GET TICKET'을 눌러 택시 번호와 기사 이름이 적힌 티켓을 받은 뒤 택시 탑승장에서 해당 택시를 찾아 탑승 (탑승 후 기사에게 요금 지불)
  * 공항에서 시내로 갈 때 공항 이용료가 붙으며 고속도로 톨게이트비도 승객이 내야 한다. 톨게이트비를 내고 싶지 않다면 기사에게 '노 하이웨이'라고 말하면 된다.

2. 그랩 Grab / 볼트 Bolt (약 40분 소요, 교통 상황에 따라 다름)
일반 택시의 경우 관광객을 상대로 미터기를 켜지 않거나 중간에 추가금을 요구해 흥정을 해야 하는 상황이 빈번하게 발생한다. 이런 스트레스를 피하려면 택시 호출 앱인 그랩이나 볼트 사용 추천.
- 아속역 기준 그랩은 약 400~500바트, 볼트는 약 300~400바트
- 그랩의 경우 공항 1층 4번 출구 앞 그랩 존에서 탑승하며, 볼트는 기사와 메시지로 탑승 지점을 정하면 된다.
- 한국에서 미리 앱을 설치하고 수수료 없는 트래블로그, 트래블월렛 카드를 연동하면 편리하다.

3. 픽업 서비스 (약 40분 소요, 교통 상황에 따라 다름)
공항에 밤 늦게 도착하는 경우가 많다 보니 다양한 여행사에서 24시간 픽업 서비스를 제공한다. 가격은 택시나 그랩보다 비싸지만 안전하고 편리하다. 사전 결제 필수
- 700~1,200바트 (인원 수와 캐리어 수에 따라 상이)
- 공항 입국장 지정된 미팅 포인트에서 예약한 차량 이름 확인 후 차량 탑승

4. 공항철도 ARL (05:30~24:00 운행, 10~15분 간격)
수완나품 공항에서 출발해 BTS, MRT로 환승할 수 있는 공항철도
- 총 8개 역에 정차 (수완나품 공항, 랏끄라방, 반탑창, 후어마~ 람캄행~ 막까싼, 랏차쁘라옵~파야타이) * MRT 환승은 막까싼역, BTS 환승은 파야타이역에서 가능
(BTS, MRT 티켓은 해당 역에서 별도 구매)
- 파야타이역까지 30분 소요
- 거리에 따라 15~45바트(막까산역까지 35바트, 파야타이역까지 45바트)
  * 공항 지하 1층에서 티켓 판매기에 목적지와 인원을 선택해 토큰 발권 (현금만 가능)

5. 공항버스 (S1버스)
공항에서 출발해 카오산 로드 인근까지 가는 시내버스. 소요시간은 길지만 카오산 로드 인근으로 간다면 목적지와 가장 가까운 곳에서 내릴 수 있다는 장점이 있다.
- 45분~1시간 소요, 60바트, 06:00~20:00, 약 30~40분 간격 운행
- 공항 1층 7번 게이트 인근 버스 정류장에서 S1 버스 탑승, 기사에게 직접 요금 지불 (현금만 가능)

벨럭이란?

방콕/파타야 시내 호텔 ↔ 수완나품공항 간 캐리어 배달 서비스

공항 뿐만 아니라 방콕 시내 ↔ 방콕 시내 간 배달도 가능해서 편리하게 이용할 수 있다.

벨럭서비스

동남아 여행시 밤, 새벽 비행편에 체크아웃 후 저녁까지 캐리어를 들고 다니는 경우가 발생한다.

귀국할 때 호텔에 맡겨도 공항 가기 전, 다시 픽업을 해야해서 시간이 소요된다.

위의 상황에서 이용하기 좋은 "벨럭" 캐리어 배달 서비스

벨럭 서비스 제공 지역

방콕 시내 호텔 → 수완나품공항
방콕 시내 호텔 → 돈므앙공항
수완나품공항 → 방콕 시내 호텔
방콕 시내 호텔 → 방콕 시내 호텔

벨럭 공식 홈페이지 bellugg.com
- 한국어 번역도 잘 되어있어서 이용하기 좋다.

나이트 라이프 스팟

야경 명소	루프탑 바	클럽	재즈바	디너 크루즈			
1. 킹파워 마하나컨 스카이워크 (전체지도-C4): 78층에 우리 발아래로 된 방콕 대표 전망대	1. 레드 스카이 (전체지도-D2): 56층 스카이라운지 바에서 파노라마 야경을 감상할 수 있다.	1. 루트 66 클럽 (전체지도-F2): EDM과 힙합 음악을 즐기는 클럽	1. 더 뱀부 바 (전체지도-C4): 방콕 최초의 재즈 바	짜오프라야 강을 따라 선셋 혹은 야경을 감상하며 저녁 식사를 즐길 수 있는 다양한 크루즈 상품이 많다. 블로, 마이리얼트립 등 여행사 사이트에서 예약 가능.			
				크루즈 명	가격대	특징	탑승지점 순
2. 바이욕 스카이 호텔 (전체지도-D2): 84층에서 360도로 회전하며 방콕 시내를 감상하는 전망대	2. 시로코 & 스카이바 (전체지도-C4): 르부아 앳 스테이트 타워 63층의 돔 형태의 칵테일 바	2. 오닉스 (전체지도-F2): 다양한 장르의 음악과 다채로운 쇼를 즐기는 클럽	2. 색소폰 펍 (전체지도-D1): 편안한 분위기에서 즐기는 라이브 재즈 공연	짜오프라야 프린세스 선셋/디너 크루즈	3만원대	최대 규모 크루즈	아이콘 시암, 아시아티크
				화이트 오키드 리버 크루즈	3만원대	매주 무제한 제공	아이콘 시암, 아시아티크
				바바 왕랑카 크루즈	3만원대	3층 배	아시아티크
3. 왓 아룬 (전체지도-A2): 야간 조명이 아름다우므로 강 건너 맞은 편에서 감상 추천	3. 더 덱 바이 아룬 레지던스 (전체지도-A2): 왓아룬 야경 전망을 감상할 수 있는 루프탑 바	3. 더 클럽 (전체지도-A1): 카오산 로드에서 가장 유명한 대형 클럽	3. 더 리빙 룸 (전체지도-E3): 조용한 분위기의 라이브 연주를 감상	더 리버사이드 디너 크루즈	3만원대	아시아티크에서 하차	리버시티 방콕 호텔
				메리디앙 크루즈	3만원대	컬러풀하고 아름다운 크루즈	아이콘 시암
				로열 갤럭시 크루즈	4만원대	24년 11월 오픈	아시아티크
4. 왓 베네디고 & 문 바 루프탑 (전체지도-D4): 왓벤디고 야경과 더불어 아름다운 루프탑 바	4. 티마 통로10 (전체지도-G3): 씨나콘 태국 도원 음악을 라이브로 들을 수 있는 클럽			짜오프라야 오쁠란스 디너 크루즈	5만원대	23년 11월 오픈	아이콘 시암
				완다플 디너 크루즈	5만원대	무방도전 태국 편에 방송된 크루즈	리버시티
				페닌슐라 선셋 칵테일 크루즈	8만원대	프리미엄 분위기, 칵테일 무제한	페닌슐라 호텔
5. 타차 루프탑바 (전체지도-F4): 영화 어바웃 타임 나무 조명 포토존으로 인기				샹그릴라 호라이즌 디너 크루즈	10만원대	뷔페 제공	샹그릴라 호텔 방콕
				반얀트리 호텔 사프란 디너 크루즈	10만원대	코스요리 제공	아이콘 시암
				아난타라 마노라 디너 크루즈	10만원대	태국식 디너 코스	아난타라 리버사이드 방콕

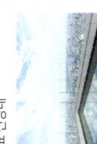

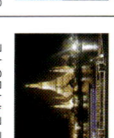

쇼핑 스팟 & 아시아티크

쇼핑 왕국 방콕의 대표적인 쇼핑 스팟

*"가장 대표적인 곳들에 ★ 표시

쇼핑몰	**시암 지역** ★ 1. 센트럴월드(전체지도-E3): 태국 최대 규모 쇼핑몰 중 하나 ★ 2. 시암 파라곤(전체지도-E3): 고급 브랜드와 고메 마켓 ★ 3. 시암 디스커버리(전체지도-E3): 현대적인 인테리어로 가장 트렌디한 쇼핑몰 ★ 4. 시암 센터(전체지도-E3): 젊고 개성있는 로컬 브랜드 위주	**수쿰빗 지역** ★ 1. 엠포리움(전체지도-B4): 자연과 조화를 이루는 고급 쇼핑몰 ★ 2. 엠쿼리움(전체지도-E3): 유행 느낌의 다양한 맛집 ★ 3. 엠스피어(전체지도-F3): 유행 발리는 매장과 미슐랭 맛집 ★ 4. 터미널 21 아속(전체지도-F3): 공항 컨셉의 독특한 쇼핑센터	**그 외** ★ 1. 아이콘 시암(전체지도-B4): 방콕 최대 규모의 쇼핑몰 메콩 전시 분수쇼 2. 엠포리움(전체지도-D3): ★ 3. 센탄 잇튼(전체지도-D3): 지구온난화에 동참한 한시 루프탑 있는 쇼핑몰
	★ 5. 센트럴 엠바시(전체지도-E3): 명품 쇼핑하기 좋은 센트럴 체인의 쇼핑몰 ★ 6. 게이슨 아마린(전체지도-E3): 최신 모델들의 고급 쇼핑몰 7. 시암 스퀘어 센터(전체지도-E3): 현지 MZ에게 인기 있는 젊은 분위기 8. 마분쿵 센터(전체지도-E3): 저렴한 기념품 쇼핑과 푸 중 하는 게임		
시장	**시장** ★ 1. 짜뚜짝 주말 시장: 거대한 규모의 야외 시장 수,목 07:00~18:00 (식물 부분만) 금 18:00~24:00 (시장 부분만) 토,일 09:00~18:00 (전체 시장 개장) ★ 2. 크랭토이 시장(전체지도-F4): 현지 먹거리 경험하는 롯컬 재래시장 ★ 3. 섬품 시장: 차이나타운의 럭셔리 시장 4. 여라와 시장: 고기, 해산물, 과일, 청식을 품는 농수산물 시장 5. 빼끄라 시장: 옷과 신발 저렴한 의류 도매 시장 6. 빼끄클레이 꽃: 24시간 연중무휴 태국 최대 꽃시장	**아시장** ★ 1. 아시아티크(전체지도-B5): 대관람차가 있는 테마파크 분위기의 현대적 아시장  ★ 2. 더 잇 팟차이 아시장(전체지도-F): 다양한 의류, 기념품, 먹거리 판매 ★ 3. 젯 페어 아시장(전체지도-F1): 최근 리뉴얼 오픈한 현지인 들기는 아시장 ★ 젯 페어 덴 네라민: 젯 페어의 확장 버전으로 오픈한 신상 아시장	**그 외 야시장** 1. 릴엣찬 수상시장: 방콕 도심과 가까워 인기있는 수상시장 2. 땃랑룸 수상시장: 물건은 지역에서 가장 크게 열리는 수상시장, 주말만 운영 3. 담넌 싸두억 수상시장: 방콕 외곽 담넌 싸두억 지역의 수상시장 4. 엠파와 수상시장: 야후타와 시대부터 있었던 로컬 수상시장 5. 깨앙로이 시장: 기차가 다니는 신기한 철로 독특한 시장

아시아티크

태국 방콕의 짜오프라야 강변에 위치한 대형 야외 쇼핑몰이자 아시장. 대관람차가 유명하며, 푸드트럭, 아시장, 쇼핑몰 등을 한 곳에서 즐길 수 있는 편이다. 크루즈 배를 타고 즐기는 다양한 선상 디너쇼도 이 곳에서 탑승이 가능하다. 과거 동양 장기간 회사와 있던 곳을 조선하여 만들어졌으며, 런티크한 분위기와 함께 다양한 쇼핑, 먹거리, 엔터테인먼트를 즐길 수 있는 복합 문화 공간으로 자리잡았다.

아시아티크 가는 방법

BTS 사판탁신역 2번 출구쪽 이어지는 선착장에서 무료 셔틀 보트를 이용하면 편리하게 이용할 수 있다. 방콕 시내 퍼럭 선착장 쪽에서도 무료 선착장을 통하여 방문 시 아시아티크 방향 화살표가 보이면, 화살표 방향에서 안으로 더 들어가면 아시아티크 셔틀 전용 대기 공간이 나오니 대기 줄에 합류하면 된다.

택시: 택시를 이용할 경우 입장 오전 11시부터 주차장까지 운영 시간: 매일 오전 11시부터 주차장까지 주소: 2194 n.เจริญกรุง Wat Phraya Krai, Bang Kho Laem, Bangkok 10120 태국

***아시아티크 무료 셔틀 금지**
보트 자리는 방콕 랜드마크 전망과 관람차가 잘 보이는 좌측 자리쪽에 앉는 것을 추천한다.
+무료 셔틀 보트 외에, 투어리스트 보트, 수상 버스가 있다.

보트 배 운행 정보		
시티 아시아티크 교통 수단	가격	보트 배 운행 정보
오렌지 플러그 수상 버스	15바트	아시아티크이면 근처 정류장(Wat Rat Singkhon)에서 하차 아시아티크까지 도보 약 7분 거리 운행 시간: 평일 시간 기준 첫차 6:52, 시작 19:00, 15~20분 간격 주말 막차 17:45, 30~40분 간격
블루 플러그 투어리스트 보트	1회권 30바트, 종일권 150바트	아시아티크에서 하차 운행 시간: 첫차 9:00, 막차 19:00, 30분 단위 간격 운항 간격: 30분 단위
아시아티크 전용 셔틀 보트	무료	아시아티크 선착장 앞 승하차 운영 시간: 16:15~23:30 운항 간격: 30분 마다 출발

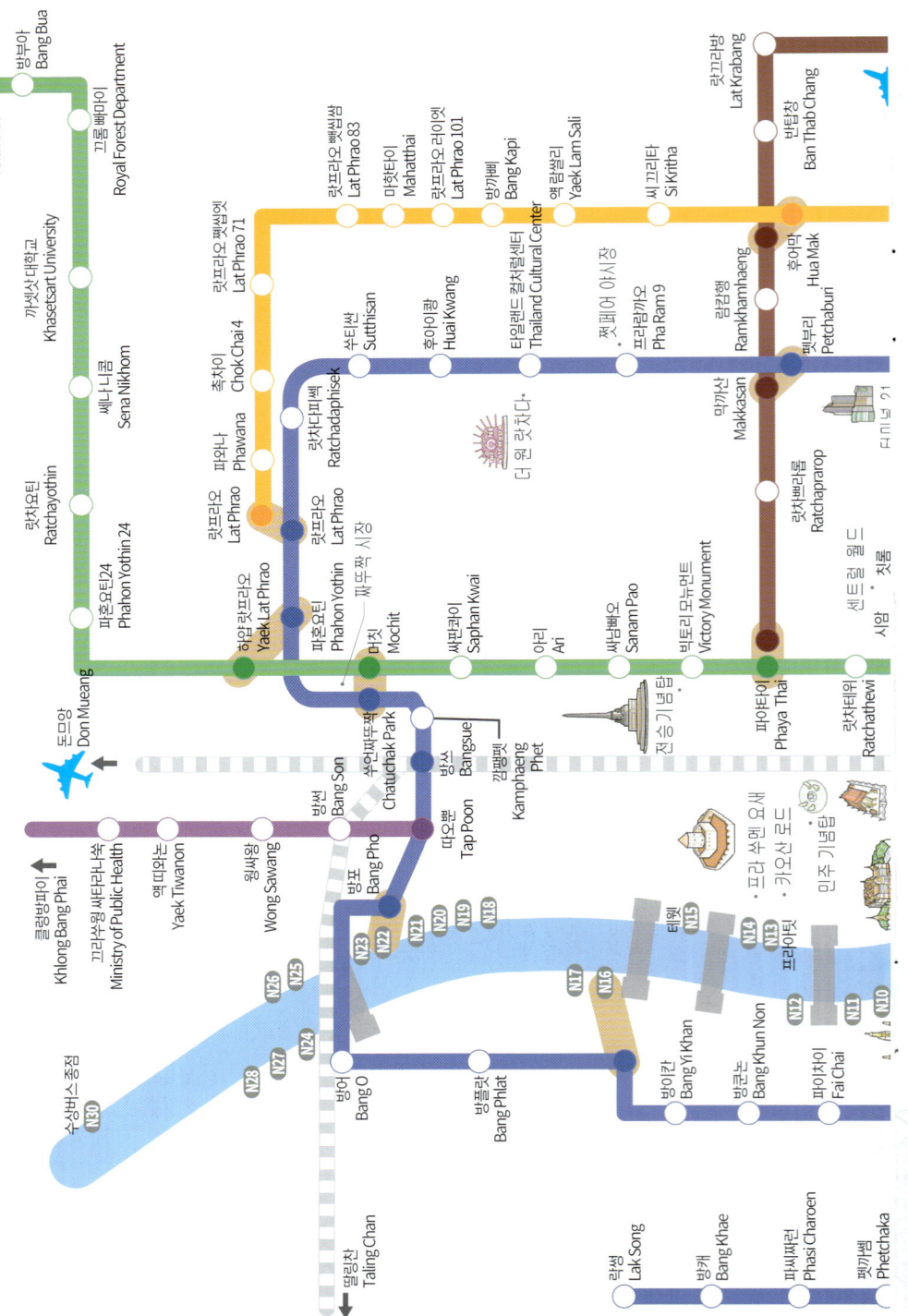

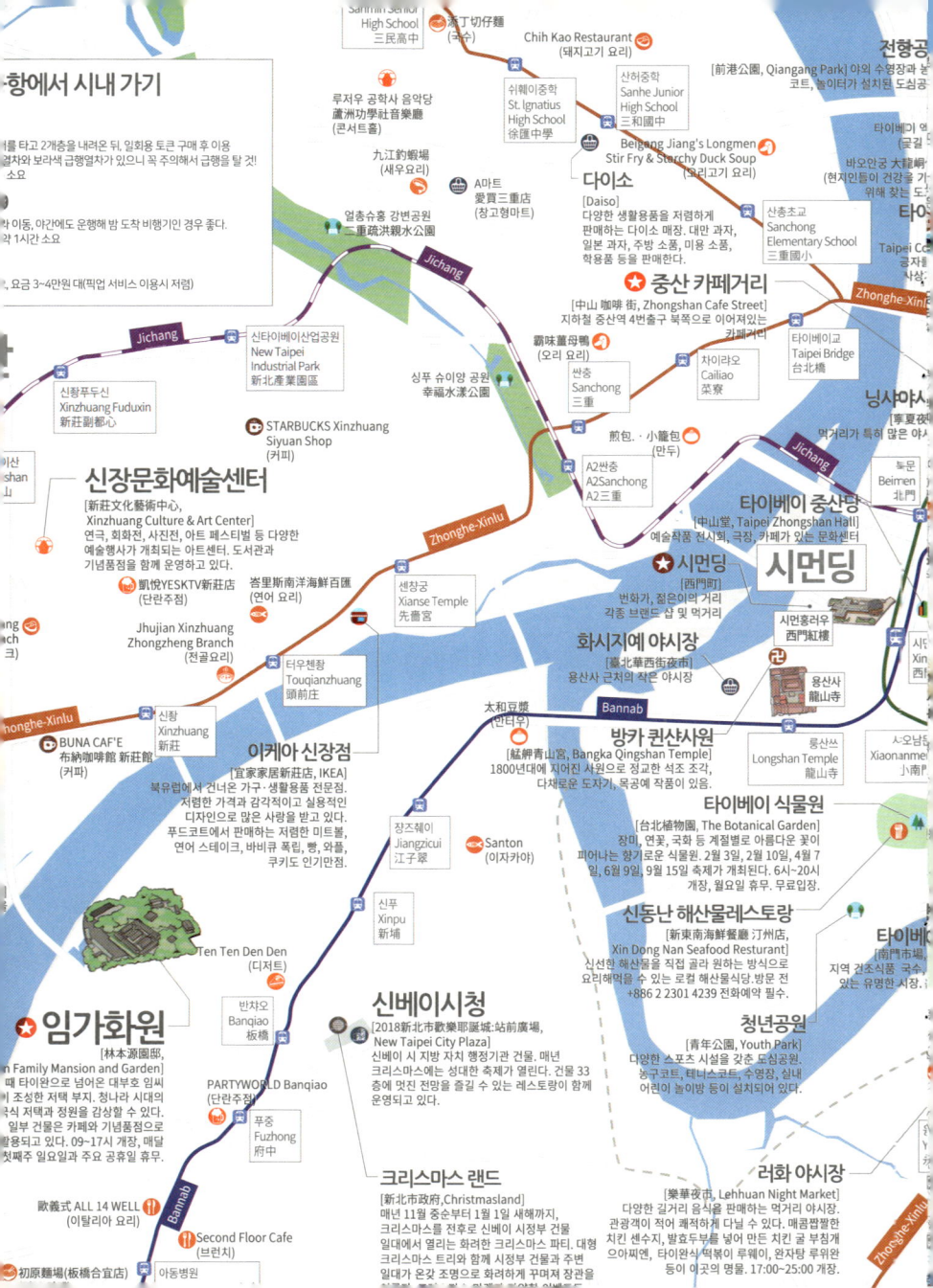

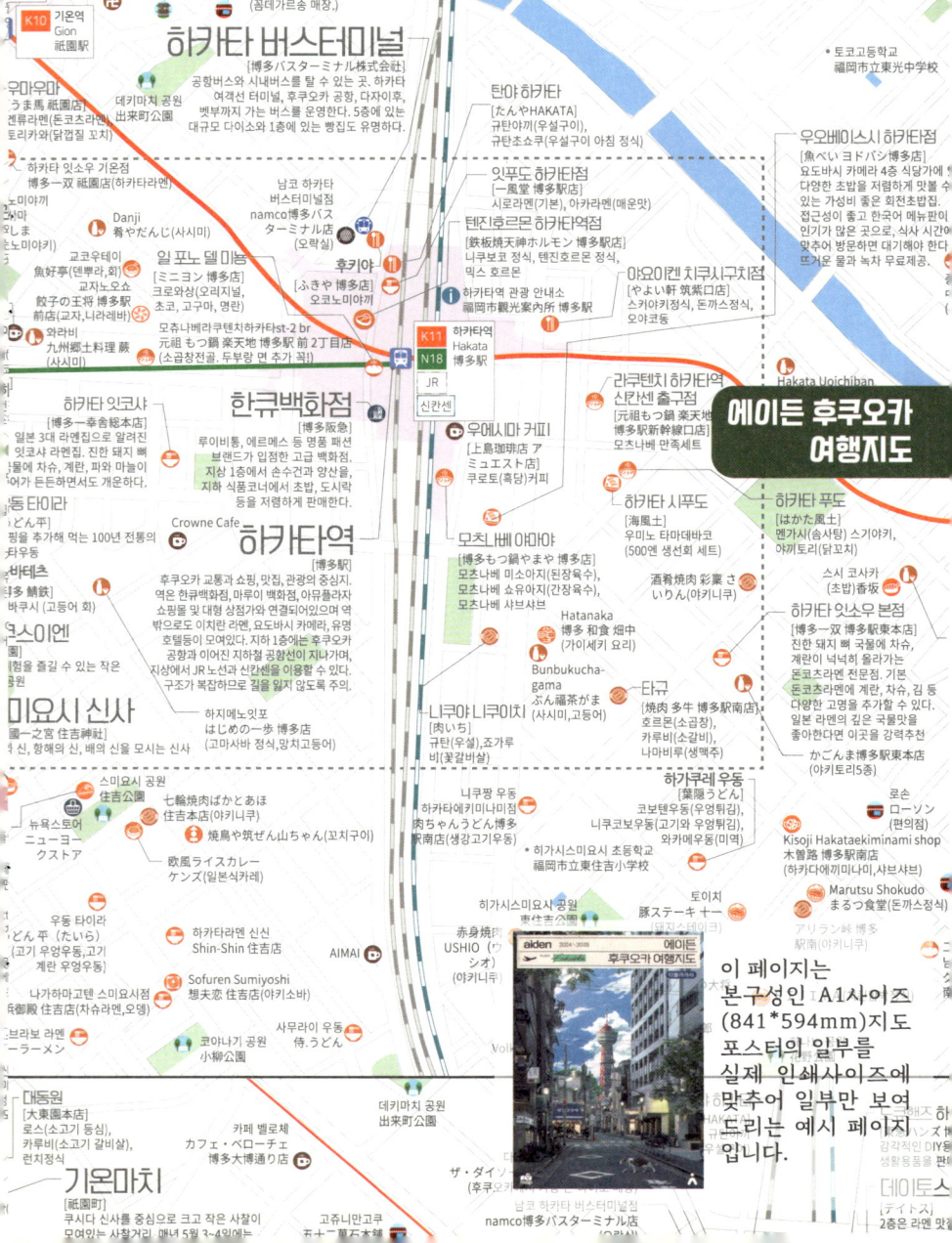

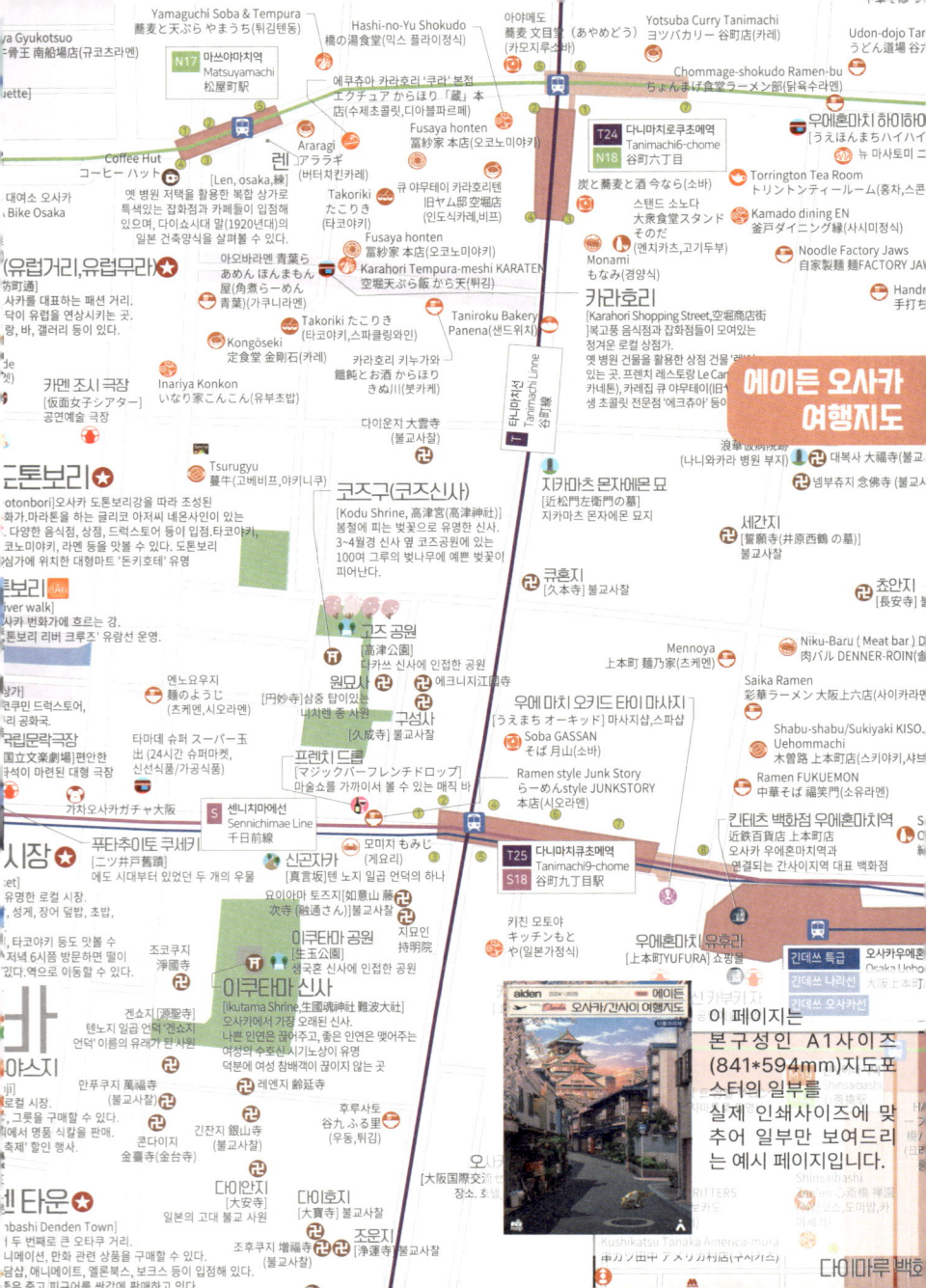

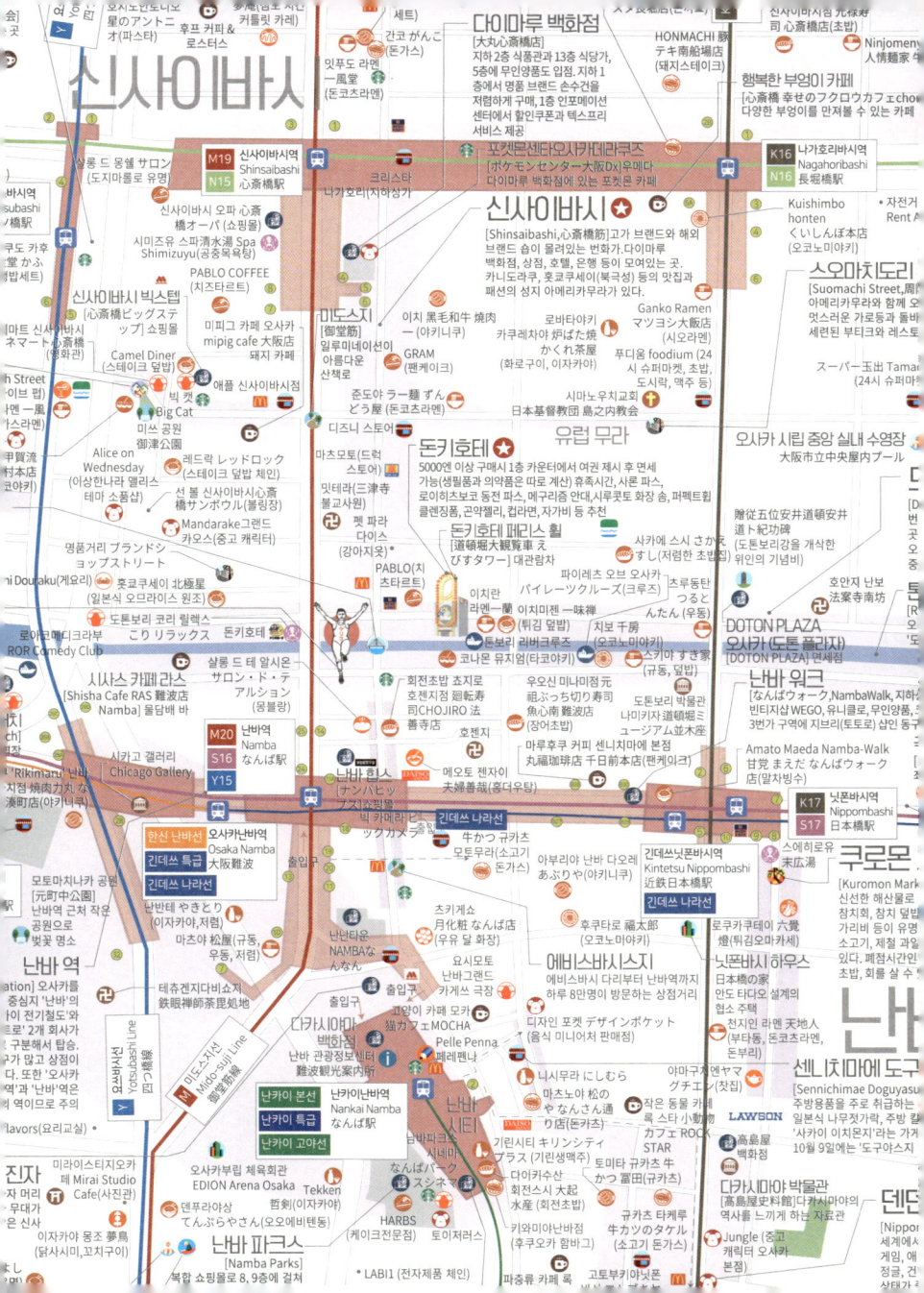

Via dei Pontefici
L'Olfattorio -Bar à Parfums
Spagna 스파냐

알프레도
[Ristorante Alfredo]
전세계적으로 사랑받는 알프레도 크림소스를 개발한 원조 식당.

Via della Croce
돌체 앤 가바나
Dolce&Gabbana

Via Augusta Imperatore

보르살리노
Borsalino

그레케 Grecale
Grecale Leathe

칸티나 벨시아나
[Cantina Belsiana]
비교적 합리적인 가격의 와인과 가지 라자냐가 맛있는 곳.

Via delle Carrozze

스페인 광장
[Piazza di Spagna]
로마에서 제일 유명한 광장. 17세기 스페인 영사관이 있었던 곳. '바르카치아 분수', '스페인 계단', '트리니타 데이 몬테 성당' 등 볼거리가 가득한 장소. '로마의 휴일' 등 많은 영화의 배경이 되기도 했다. 광장에서 유명 명품숍 콘도티 거리와 이어져 있다.

바빙톤스 티 룸
[BABINGTON'S TEA ROOM]
다채로운 블렌딩으로 유명한 고급 영국식 찻집.

오스티리아 바르네
[Osteria Ba
품목 다양하
살라미
Cillat

Via dell'Arancio

라 보테가 심플리
Bottega Simply

페라리 스토어 Ferrari Store

TreCaffe - Bistro
[Trecaffè - Via dei due Macelli] 파스타지오
크루아상, 카푸치노가 인기 있는 곳. 아이스아메리카노를 파는 곳

★ 콘도티 거리
[Via Condotti]
스페인 광장에서 시작하는 명품샵이 모여 있는 거리. 많은 명품 브랜드들이 입점. 골목 사이사이에는 기념품과 다양한 상점이 있어 구경하는 재미가 있다. 여름은 7~8월, 겨울은 1~2월 명품 세일 기간.

Via Propaganda

Via della Vite

리나센테 로마 트리토네
[Rinascente Roma Tritone]
150년 전통의 럭셔리한 백화점. 구찌, 루이비통, 발렌티노 등 유명 명품 브랜드부터 생활용품까지 다양한 매장과 편의시설 입점 복합 쇼핑몰 7층 루프탑이 인스타 인기 야경명소.

핑코 Pinko

에이튼 로마
여행지도

디즈니 스토어
[Disney Store]
디즈니 캐릭터들의 피규어, 인형, 옷 등 판매하는 디즈니 장난감 가게

★ 코르소 거리
[Via del Corso]
베네치아 광장부터 포폴로광장까지 로마 중심을 관통하는 최대 번화가. 명품거리 콘도티 거리와 교차. 디즈니스토어, 망고, 자라 등 중저가 브랜드와 편집샵, 로컬 브랜드 등 입점. 이탈리아의 패션 트렌드를 엿볼 수 있는 거리. 'SALDI(Sale)'는 보통 20~50% 할인, 상품을 저렴하게 득템할 기회!

라이프 식당
[Ristorante Life]
랍스타 파스타, 라비올리, 트러플 스테이크가 유명한 고급 레스토랑.

Via del Tritone

리스토란테 피자 치로 메르세데 거리 점
[Ristorante Pizza Ciro Mercede]
세수대의 파스타로 유명한 맛집. 특히 오일 파스타인 링귀네 알라 치로 추천

★ 트리토네
[Fontana del
바르베리니 광장을 상징하는 분수.
바르베리니 교황을 위해 만들어진 베르니니 분수에서 교황의 삼중관, 성 베드로 열쇠 성경 글귀 문장을 찾아볼

리스토란테 크리스피 19
[Ristorante Crispi 19]
럭셔리한 식사를 할 수 있는 지중해풍 고급 레스토랑

지올리티 알 비카리오 점
[Giolitti Al Vicario]
로마 젤라또 3대 맛집, 4대째 젤라테리아 운영하는 곳. 쌀맛 젤라또 추천

벤키
[Venchi Cioccolato e Gelato]
로마 젤라또 5대 맛집, 초콜렛맛 젤라또 추천.

Via dei Sabini

댓츠 아모르
[That's Amore]
현지인과 외국인 관광객이 인기 있는 양이 많은 맛집.

일 키안티
[Il Chianti Vineria]
다양한 와인, 토스카나 지역의 음식, 티라미수가 일품인 곳.

클락스 로마 판테온
[Clarks Roma Pantheon]
부츠, 브로그 슈즈, 샌들, 레이스 업 또는 데저트 부츠 등 다양한 신발을 판매하는 상점

빠네 에 살라미
[Pane e Salame]
5유로로 저렴하고 다양한 파니니를 맛볼 수 있는 곳. 점심시간에는 대기 시간 있음.

★ 트레비 분수
[Fontana di Trevi]
세갈래 길(Trevia)이 합쳐진다는 뜻을 가진 분수. 1980년, 1990년 유네스코 세계유산으로 지정. 1435년 건축 후 오랜시간 개축과 증축을 거쳐 1762년 완공된 바로크 양식의 최고 걸작. 개선문을 본딴 벽화 양면에 대양의 신 오케아노스가 가운데 서있고, 양 옆에는 반인반마의 바다의 신 트리톤이 전차를 끄는 모습이 웅장하게 조각되었다. 지하철 A선 Barberini역에서 걸어서 5분. 영화 '로마의 휴일' 촬영 장소.

피자 인 트레비
[Pizza in Trevi]
트레비분수 앞 피자집
버팔로피자, 파스타

퀴리날레 궁전
[Palazzo del Quirinale]
로마의 7개 언덕 중 가장 높은 퀴리날레 언덕에 세워진 오래된 궁전. 현재 이탈리아 대통령 관저로 사용. 매일 오후 3시 근위병 교대식을 관람할 수 있다. 내부는 투어를 통해 관람 가능

타짜 도로
[La Casa Del Caffè Tazza D'oro] 한국에도 지점이 있는 전 세계적으로 로스팅 커피로 유명한 카페.

이코노 이탈리아
[IKONO] 로마 이코노 이탈리아 몰입형 전시회 9개의 전시실로 이루어져있고, 그 중 볼풀장이 인기있는

산티냐조 디 로욜라 성당
[Chiesa di Sant'Ignazio di Loyola]
예수회 설립자, 종교 개혁의 대항마 이그나티우스를 위해 지어진 성당. 실제보다 3배 높게 보이는 착시효과가 뛰어난 '산티냐조 디 로욜라의 영광' 천장 프레스코화가 유명.

퀴리날레 박물관
[Scuderie del Quirinale]
퀴리날레 궁전 마구간으로 사용되던 곳. 현재 다양한 예술 작품 전시회가 열린다. 로마 전경을 볼 수 있는 가장 높은 뷰포인트.

판테온
[Pantheon] 로마 고대 건축의 백미. 1980년, 1990년 유네스코 세계유산 지정. 기원전 27년 아그리파가 건축한 신전(일명 안신전)으로 건설 후 화재로 125년 재건. 19세기까지 '산타 마리아 로톤다 성당'으로 사용된 덕분에 이교도라는 낙인 없이 원형이 잘 보존된 건축물. 철근을 사용하지 않는 세계에서 가장 거대한 콘크리트 돔이다. 태양을 형상화한 직경 9m에 달하는 천장 개구부(Oculus)는 자연 채광으로 조명 역할과 냉각, 통풍 기능도 수행한다. 내부에는 비토리오 엠마누엘 2세, 라파엘로 등 유명인사의 납골당이 안치되어 있다. 무료 입장

베네치아 궁전
[Palazzo di Venezia]

일 제수 성당
[Chiesa del Gesù]
정식 명칭은 예수의 신성한 이름 교회, 로마 최초의 예수회 성당 본부, 전세계적 예수회 성당의 건축학적 모델이 된 이곳은

피냐 분수
Fontana della Pigna

이 페이지는 본 구성인 A1사이즈 (841*594mm)지도 포스터의 일부를 실제 인쇄사이즈에 맞추어 일부만 보여드리는 예시 페이지입니다.

트라야
[Foro di Tra
고대 로마의
규모의
페레이드를

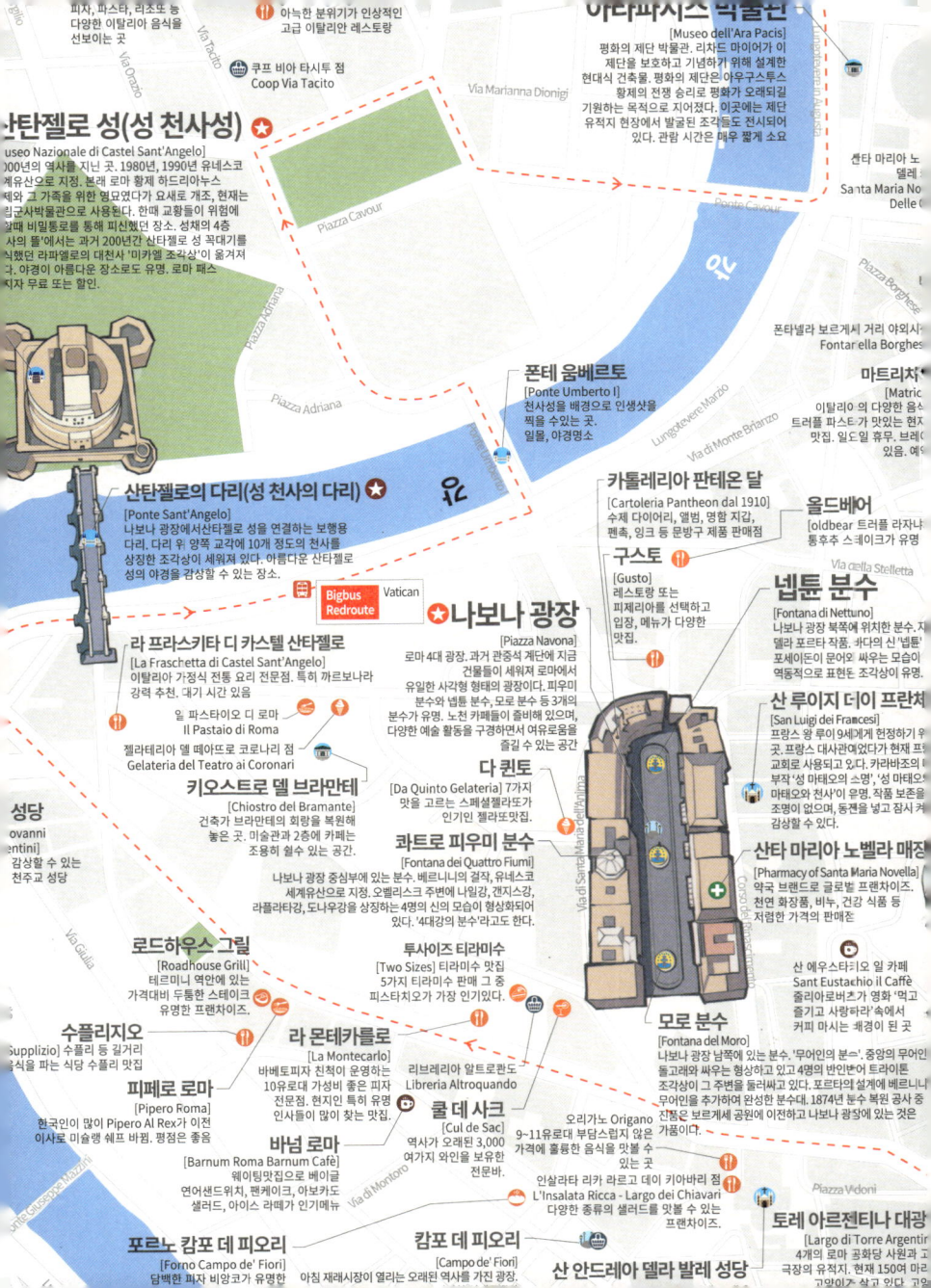

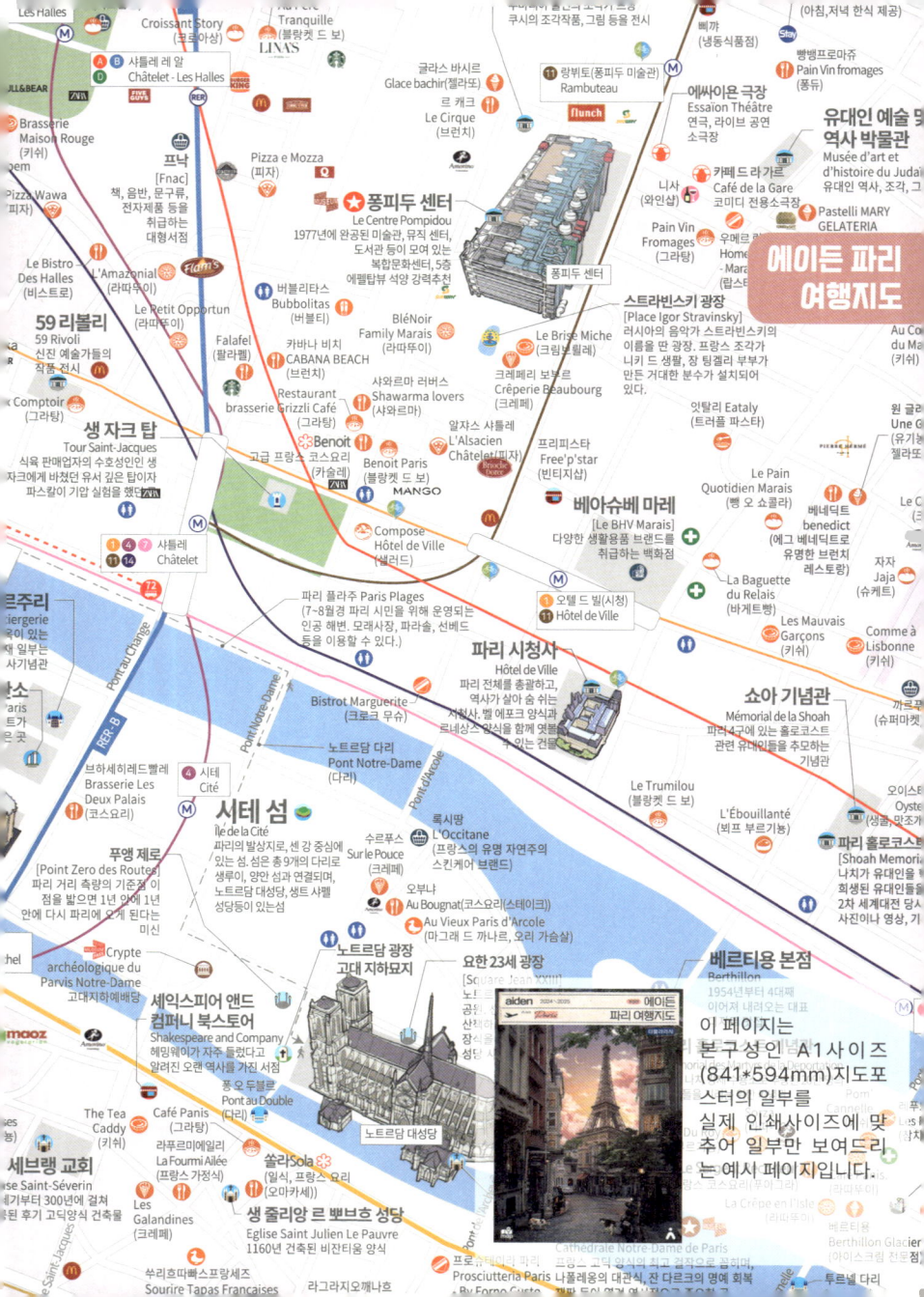

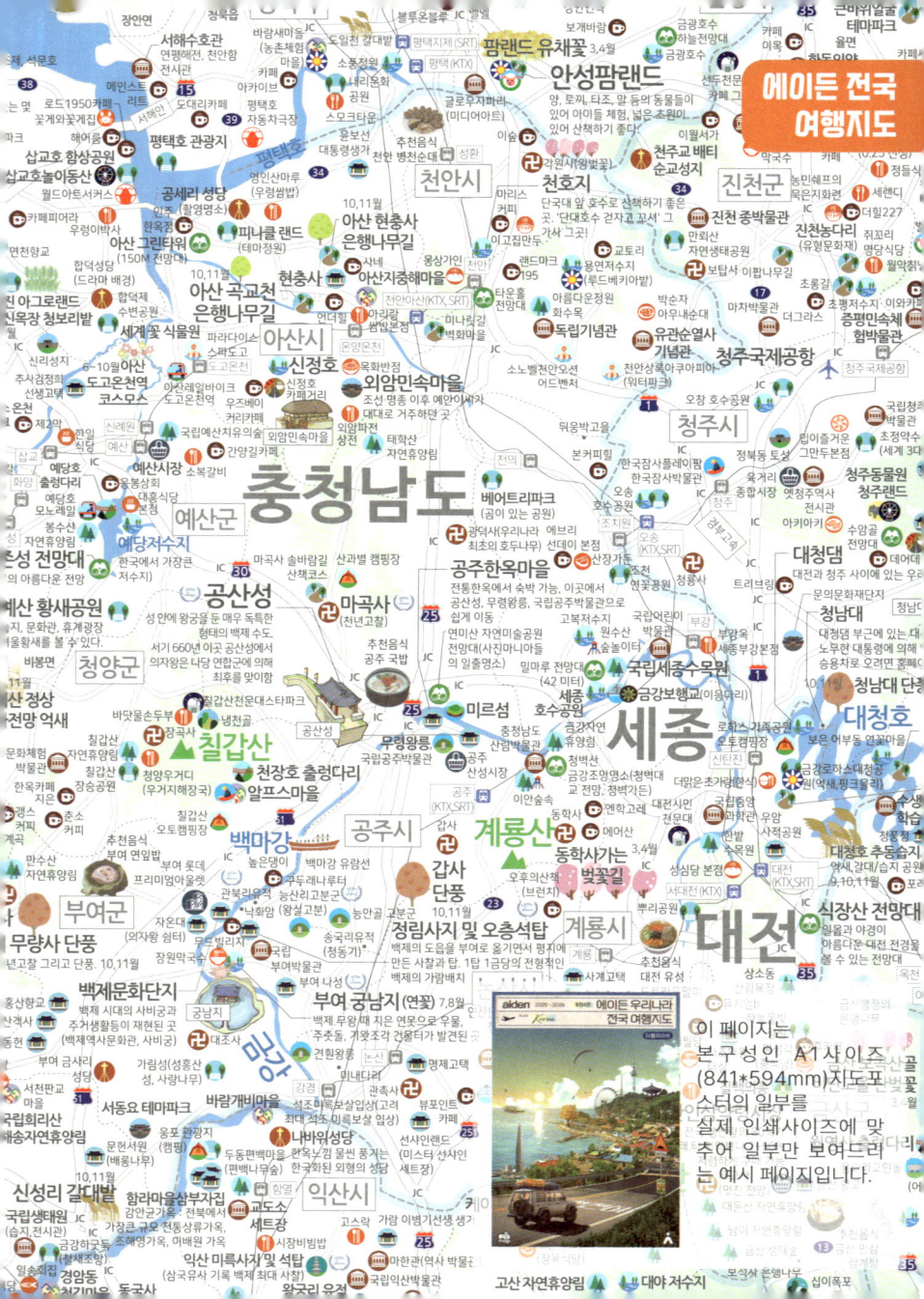

01 에이든 여행지도의 대부분 구성은 좌측에 보는 바와 같이 지도 2장(또는 한장), 맵북, 트래블노트, 깃발스티커 로 이루어져 있습니다.

PACKAGE
COMPOSITION

1. 개선문부터 생-루이섬까지, 여행지, 맛집 등 파리 주요지역을 담은 상세 지도 1장(A1 접지)
2. 파리 1구부터 20구까지 한 눈에 볼 수 있게 파리 전체를 담은 지도 1장(A1 접지)
3. 책 형태로 볼 수 있도록 지도를 여러 구도로 잘라내서 만든 맵북 1권(A5 사이즈)
4. 파리 여행 계획을 세울 수 있도록 만들어진 체크리스트와 백지도를 담은 트래블노트 1권
5. 가야 할 곳 또는 가본 곳을 표시 할 수 있는 깃발 스티커 100개 들이 1세트
6. 1번부터 5번까지 제품들을 깔끔하고 안전하게 담을 수 있는 패키지 케이스

국내를 비롯하여 해외의 여행지도를 제작하는 출판사 타블라라사의 브랜드 "에이든 여행지도" 입니다.

저희 지도는 길 찾는 용도로 만들어진 지도가 아닙니다. 길은 구글지도나 네이버 지도로 찾으시고 여행지를 전체적으로 살펴보며 계획을 세울 때 그때 활용할 수 있는 지도를 제작했습니다. 조금 복잡하더라도 요약된 많은 정보를 제공할 수 있다면, 가이드북이나 네이버를 검색하지 않더라도 지도 한 장으로 준비 없이 여행을 떠날 수 있을 것이기 때문입니다.

특정 도시로 여행을 떠나기 전에 어디를 갈지, 뭘 먹을지, 어떤 재미난 액티비티를 할지 찾아보시고 지도에 메모해 두시잖아요? 미리 수천시간 노력해서 다 찾아놓았다! 라고 생각하시면 될것 같습니다.

아날로그라고 무시하게 아닌게, 이렇게 방수되는 종이로 아무렇게나 접어서 주머니에 넣을 수 있는 40인치나 되는 플렉시블한 디스플레이는 현재 없습니다! 또한 당분간 개발되지도 못합니다.

"아날로그는 나쁘거나 불편한 것이 아닙니다"

에이든은 디지털 기술을 이용해 최고의 아날로그 여행지도를 만들고 있는 중이며 여행자들의 의견이 넘쳐나는 살아있는 플랫폼으로 가기위해 노력하고 있습니다. 한국인의 특성이 살아 있는 이 지도로 해외시장으로 진출하는 그 과정을 응원해주세요!

02 이렇게 좋은 여행지도 누가 만들었을까요?

17년 경력의 여행콘텐츠 전문가 그룹 에이든

에이든 지도를 만드는 크리에이터, 우리가 누구냐면요.

지도 제작 전문가
'이정기'

여행 콘텐츠 전문가
'홍경진'

콘텐츠 어반젤리스트
'윤선영'

지도 베이스 전문가
'김수경'

- 2022 교보문고 여행부문 연간 베스트셀러 1위, 예스24 올해의책 100 선정
- 2020 한국관광공사 우수관광벤처 최우수상
- 2020 한국관광공사 관광벤처 선정, 관광크라우드펀딩 은상

"지도 전문" 에이든 여행지도가 특별한 이유!

- 압도적인 판매량 1위!
- 한국관광공사 인정
- MBC <선을 넘는 녀석들>
- 국내 최초 여행지도 제작 및 판매
- N사 최초 '박리박하' 등급

aiden 2025╲2026

PLACE *Jeju*

개정4판 **에이든 우리나라 제주 여행지도**

타블라라사

리얼 여행자를 위한 친절한 여행지도

가이드북을 담은 에이든 여행지도

"이런 분들께 에이든 여행 지도를 추천합니다"

여행 다닐 때 가이드북 무게가 무겁게 느껴지시는 분

준비 없이 당장 떠나고 싶으신 분

가이드북과 지도를 번갈아 보기 귀찮은 분들

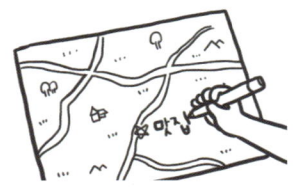

지도를 구한 후 그 위에 정보를 가득 올려 두시는 분

인터넷에서 정보 찾기가 어려운 부모님과 어르신

아이들 지리 교육용으로 활용하고 싶으신 분

학지사 펴내온인
에이든 여행지도 시리즈

국내에는 제주여행가이드, 인스타 좋은 가이드북, 아이랑 가볼만한 가이드북 등과 정동여행가이드, 윤학 정동100선 국내제주가이드, 렁앙지도, 유치원다녀와서지도/우수다녀와서지도, 세계(에이전), 기조(에이전), 서울, 제주, 하동, 파리, 런던, 코마, 뉴욕 지조 등 다수의 에이든 "에이든 여행지도"를 선보였어요.

에이든 여행지도 및 미디어북의 자작권은 (주)타블라라사에 있습니다.
무단 사용이나 편집, 배포도 2차 이용이 금지되어 있지 못합니다.

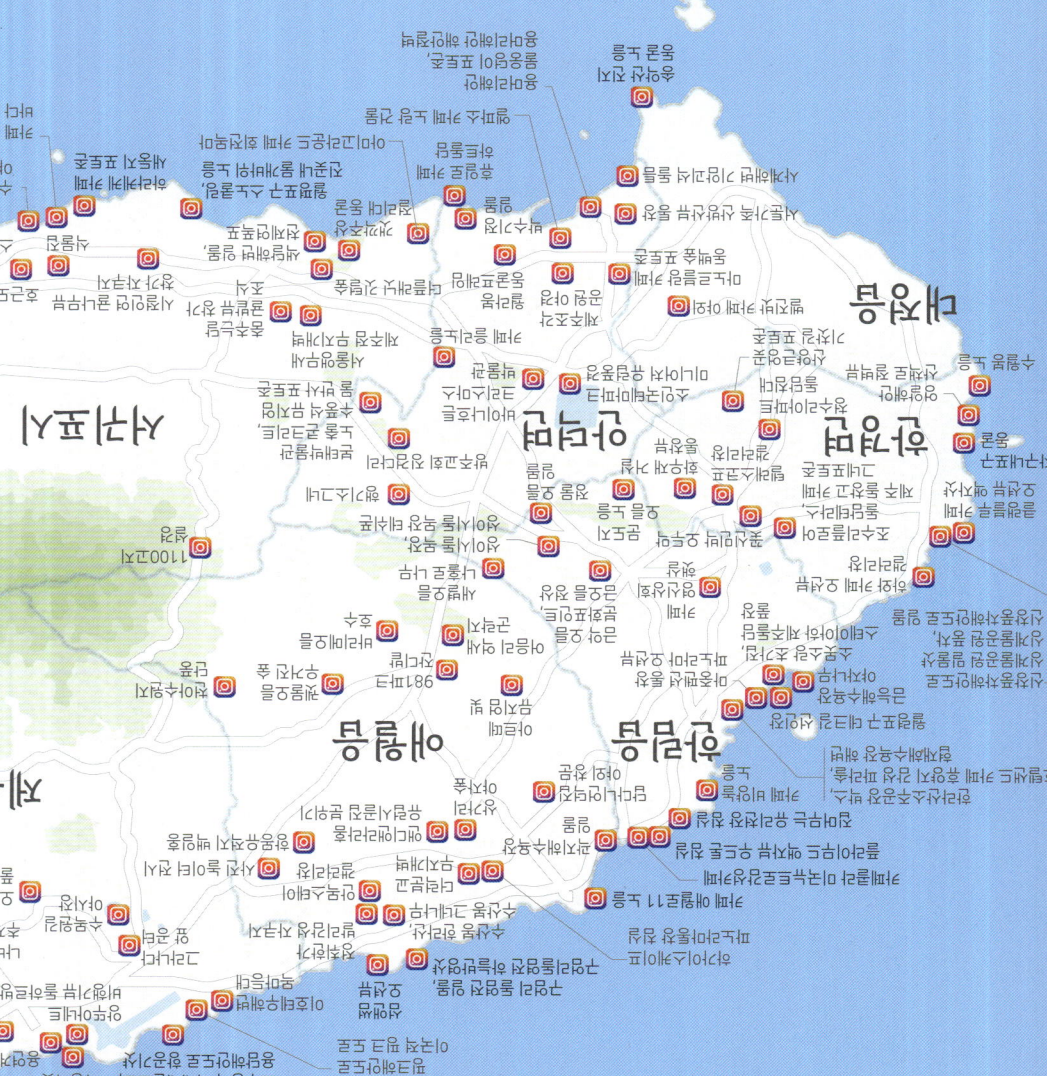

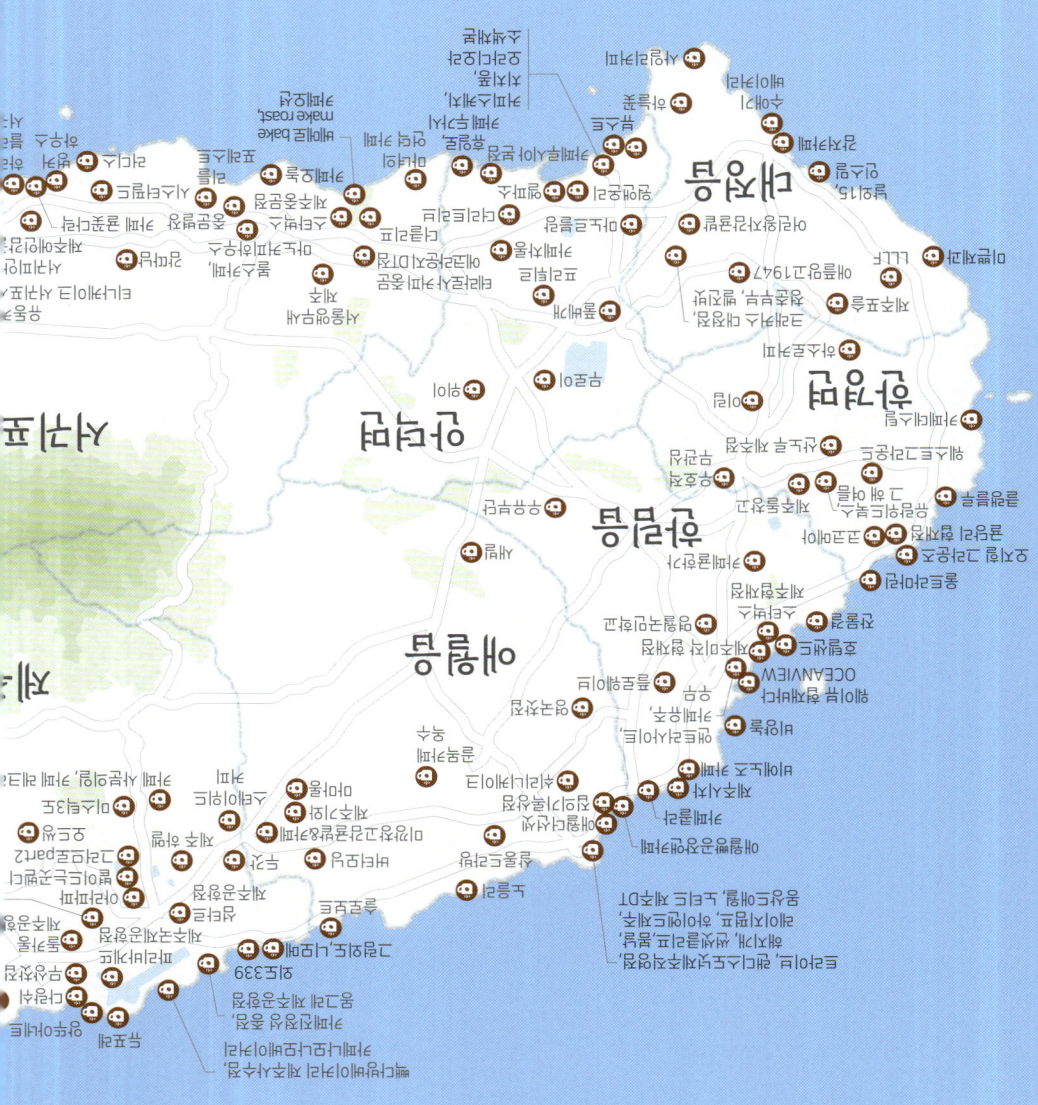

제주 공항근처 지도

제주국제공항
용두암
어영공원
바다를 마주보고 있는 공원
올레길
카페나모나모베이커리
도두동무지개 해안도로
도두봉(제주 숨은 비경 중 하나)
도두봉전망대
코바다이빙스쿨(패들보드)
빽다방베이커리 제주사수점
도두봉 키세스존, 도두동 무지개해안도로
도두항
도두해녀의집(전복죽, 물회)
순옥이네명가(소라, 전복)
삼미횟집(모듬회)
카페진정성 종점
이호테우등대
빨간색, 하얀색 목마 등대를 배경으로 사진촬영을 꼭 해야 하는 곳
1.체험배낚시 전진호(배낚시)
2.이호털보 배낚시(배낚시)
3.서프로와(서핑)
현사포구 공중화장실
그라나다 앞 공터, 이호테우해변 목마등대
시티투어버스
제주김만복
제주민속오일장
공항 가기 전에 꼭 들러봐! 끝자리 2일, 7일에 열리는 오일장
솔지식당(가브리살)
이호테우해수욕장
공항에서 10분, 목마 등대보며 방파제 산책
몽돌해변
알작지(제주의 몽돌해변)
월대천
슬로보트(바다전망)
그럼외도(돌멩이 라떼)
니모메모메 선셋)
신의한모(한치간장게장 낫또덮밥)
1.노을리(선셋카페)
2.노라바(문어라면)
3.해성도뚜리(흑돼지,토마토짬뽕)
구엄리돌염전
구엄리 돌염전 일몰
풍당제주 수상보트
섬앤썸 오션뷰
제주광해(갈치조림)
애월전동킥보드
1132
황해식당(갈치조림)
바다속고등어쌈밥(고등어쌈밥)
은희네해장국(소고기해장국)
카페 엔제리너스
제주이호테우해변로점 앞 버베나
자매국수(고기국수)
섬타르 제주공항점(에그타르트)
규태네양곱창(양곱창모듬)
요미우
숙성도(숙성흑돼지)
국시트멍(고기국수)
돈키쥬쥬
넥슨컴퓨터
쑹쑹렌탈샵 자전거 애월점
살랑제주 애월점(독채)
중엄리 새물
구엄어촌 체험마을
이디하우스(게하)
닻(딱새우회)
문개항아리(해물라면)
도시해녀(해녀체험)
코시롱(10첩 제주밥상)
광평도새기촌(흑돼지)
뚱딴지(활오복탕)
잇칸시타(스시)
노을리(연탄빵)
고스트타운(귀신의집)
스테이달하(독채)
해성도뚜리(흑돼지)
남또리횟집(도미회, 모둠회)
수산봉한라산
수산봉
수산유원지
수산저수지의 뚝방길, 숨은 명소, 출사 장소, 조용한 산책길
파군봉(바굼지오름)
토토아뜰리에(원데이 쿠킹클래스)
슬로우리제주(독채)
올레길 16코스
올레길 17코스
마농 제주본점(돌문어스튜)
돈사돈(흑돼지)
늘봄흑돼지(삼겹살,목살)
제주 하멜(치즈케이크)
블루메베이글(콘치즈 베이글, 소금 베이글)
볕이드는곳벤디
수목원테마파크
플레이박스VR,얼음미끄럼틀, 초콜릿만들기체험 등 아이들과 함께하기 좋은 곳
수목원길 야시장
버터모닝(치즈타르트)
맛동산감귤체험농장
애월읍 광령리 3227, 감귤체험
두갓(귤따기 체험을 즐길수 있는 앤틱카페)
스테이위드커피(게이샤커피)
브릭캠퍼스
브릭아티스트 들의 작품 브릭/레고 체험, 실내
LAVANT(따뜻한 커피와 팬케이크)
애월 장전리 벚꽃
보는 것만으로도 풍성함 왕벚꽃 길[4월]
항파두리 해바라기
[6~8월] 제주에서 매우 가까운 해바라기 밭
광령 초등학교
미광창고감귤밭 &카페
항파두리 나홀로 나무
고성숲길
제주홀릭뮤지엄 전시
스테이장유7(독채)
1136
감귤향기 농장
노형동 160(1100로 3118) 체험은 어두워지기 전에 오세요
무수천
아날로그 감귤밭
양쪽 바위벽에 흐르는 천, 기암절벽과 폭포, 호수가 있는 곳, 산책하기 좋음
1.제주달콤풀빌라(풀빌라)
2.제주 까르마(풀빌라)
3.엔젤풀빌라(풀빌라)
신비의도로(도깨비 도로)
항파두리 유채꽃
[3,4월] 삼별초의 최후 격전지와 유채꽃
항파두성
백제사
하가리 연꽃마을 연화지
오담애월(독채)
항파두리 코스모스
가을에는 역시 코스모스지[9,10월]
항파두리 백일홍
백일 간의 백일홍 향연[8,9,10월]
너와의첫여행(감귤체험가능, 흑돼지 돈가스)
제주공룡랜드
국내 최대 공룡 테마파크, 30종 100여마리 공룡. 토이랜드, 조랑말체험장(리모델링 여부확인 필)
카페 레크레(돌담스무디)
카페사분의일(핸드드립으로 내려주는 카페)
항파두리 항몽유적지
몽골의 침입시 삼별초가 최후까지 항전한 곳. 전라도 전투에서 패하여 제주도로 건너와 이곳에 항파두성을 쌓음, 근처에 방문객을 위하여 꽃을 심어 놓음
TONKATSU 서황(서황카츠)
유수암마을(자연생태마을)
골목카페옥수(한옥카페)
극락오름
프레리아(독채)
아이바가든
9개의 테마가 있는 미디어 아트 전시관
미스틱3도(동물체험할 수 있는 정원이 딸린 카페)
제주 오라동 청보리밭
푸르른 청보리 내 마음을 채우고[4,5월]
아루요(가츠동)
제주불빛정원 장미
제주불빛정원
제주장미정원, 제주야간명소
어승생승마장(승마)
화조원
아이와제주,다양한 조류 및 알파카 체험농장
테디베어사파리
테디베어와 동물 인형들을 직접 만지고 사진찍을 수 있는 테마 파크 친절, 영유아도 놀기 좋음
1117
국립제주 호국원
도치돌 알파카목장
알파카, 토끼, 염소, 양, 먹이주기 체험
렛츠런파크 제주
렛츠런파크 제주(승마)
제주승마공원(승마)
애월읍
천아수원지 단풍
1135
궷물오름 우거진 숲
궷물오름
천아오름
무병장수 테마파크
제주 힐링명상센터, 국궁체험, 승마체험(승마 사전예약 필)
족은녹고메오름
천아계곡 단풍
제주의 아름다움을 단풍과 함께[10,11월]
제주 어승생악 일제동굴진지

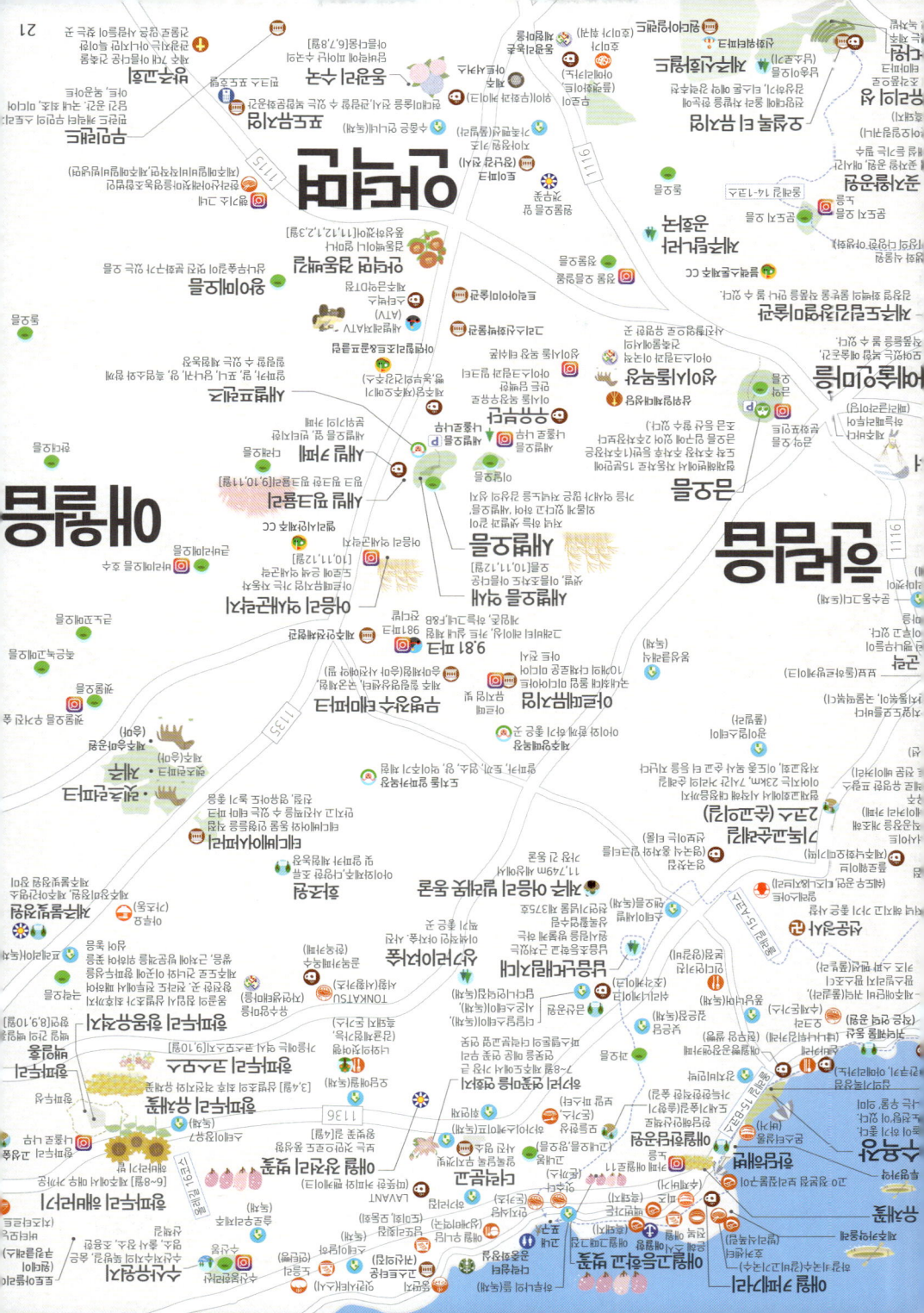

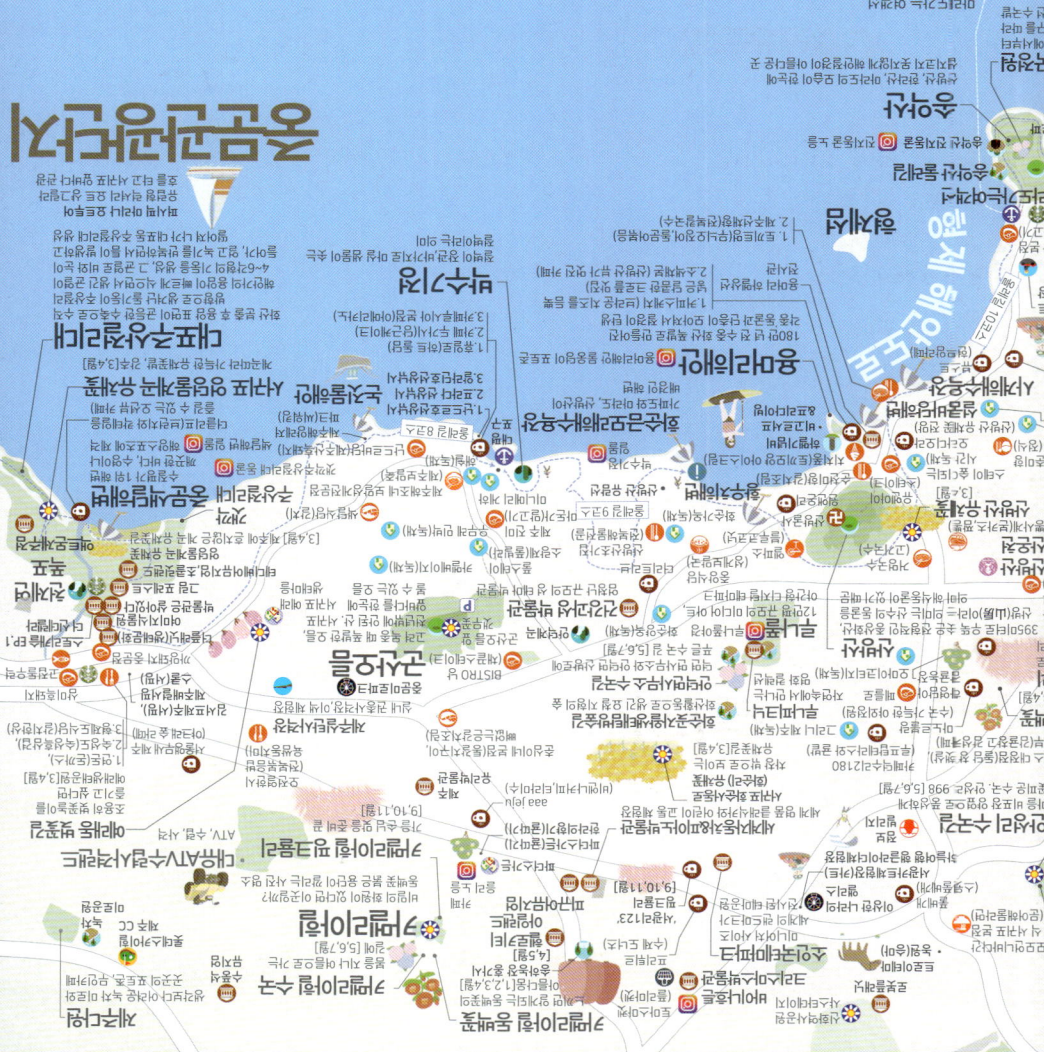

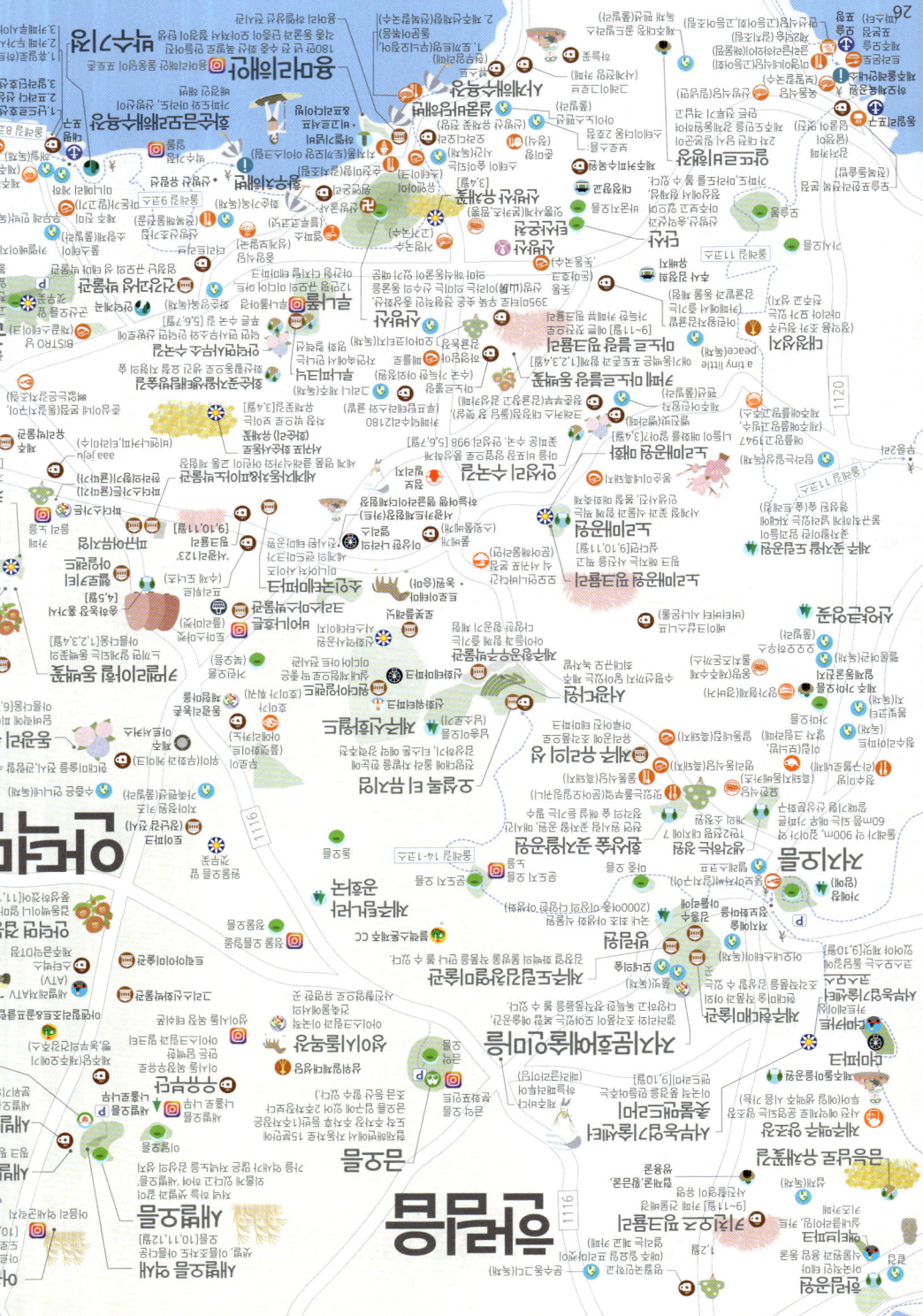

안덕 주요지역 확대지도

1100고지 단풍
오르지 않아도 되는 단풍길 걷기[10,11월]
1100고지 설경
삼형제 큰오름
1100고지
한라산 남벽 뷰 감상 가능
1100고지 람사르습지
1139
2시간 4.5Km
만세동산(오름)
선작지왓(윗세오름) 철쭉
윗세누운오름
윗세오름
병풍바위
영실탐방코스
영실탐방안내소
2시간 30분 5.8Km
한라산 영실코스 단풍
그냥 등산말고, 단풍 등산[10,11월]
빠리메오름 호수
큰바리메오름
한대오름
돌오름
행기소 그네
한라산아래첫마을영농조합법인
(제주메밀비비작작면,제주메밀비빔냉면)
무민랜드
핀란드 캐릭터 무민의 스토리가 담긴 공간. 국내 최초, 미디어 아트, 목공아트
서귀포자연휴양림
운동화가 아니어도 괜찮아, 혼자 걸어봐도 좋아
제주의 숲에서 캠핑해보는 색다른 경험
법정이오름
거린사슴
방주교회
제주 7대 아름다운 건축물
관광지는 아니지만 특이한 건물로 많은 사람들이 찾는 곳
본태박물관
본태박물관 노출 콘크리트
세계적인 건축가 안도타다오의 작품. 노출콘크리트와 빛 물이 조화롭게 어우러진 건축미. 세계적인 거장들의 작품과 우리나라 전통공예 전시
수풍석 뮤지엄
클럽엘제주 컨트리클럽
시오름
서귀포 치유의 숲
평균수령 60년 이상의 전국 최고의 편백 숲이 여러 곳에 조성
1115
롯데스카이힐 제주 CC
녹차 미로공원
제주다원
생각보다 어려운 녹차 미로와 곳곳의 포토존, 무인카페
중문레저 UTV(ATV)
서귀포 천문과학 문화관
밤하늘의 천체 및 태양을 관찰할 수 있는 천체 망원경 보유
하늘아래수목원
대유ATV수렵사격랜드
ATV, 수렵, 사격
핑크뮬리
예래동 벚꽃길
조용히 벚꽃놀이를 즐기고 싶다면
예래생태공원[3,4월]
엉또폭포
비가 많이 와야만 볼 수 있는 신비의 폭포
도순다원
오전열한시 (전복볶음밥 육쌈동치미)
서울앵무새 제주 (야크래 숲 라떼)
1.연돈(돈까스),
2.숙성도(숙성흑삼겹),
3.형제도식당(갈치한상)
중문향토오일장
끝자리 3일, 8일에 열리는 오일장
법화사지 배롱나무
법화사
스테이월든(독채)
고근산
씨플로우 프리다이빙
서귀포시와 서귀포 앞바다가 한눈에 보이는 곳
감따남 (시그니처 귤라떼)
김서프제주(서핑), 제주배럴서핑
스쿨(서핑)
삼미흑돼지
제주운정이네 (갈치조림)
중문동 벚꽃길
예래동 주민센터부터 구 중문동 주민센터까지 벚꽃 드라이브 길[3,4월]
뜻밖의발견(조용한 빈티지 카페)
모루헌 (독채)
까망돼지 중문점
고집돌우럭
천제연폭포
총 3단으로 이루어진 폭포
중문 모메든식당 (제주산흑돼지)
1136
한국야구 명예의 전당
서귀포시청 제2청사
더플래닛(생태문화)
스테이캐슬 EP.1 더 신데렐라
국수바다 본점(고기국수)
여미지식물원
볼스카페
중문국제평화센터
남북평화, 세계 평화에 기여한 분들의 밀랍인형
돈블랙(흑돼지)
박물관은 살아있다
그림 포레스트
둘레길 중문 본점
천제연폭포
1132
세리월드
종합 레저 테마파크로 카트,승마, 미로공원등 즐길거리가 다양하다.
카페귤꽃다락
테디베어뮤지엄,초콜릿랜드
수두리보말칼국수
폭포샷
엉덩물계곡 유채꽃
[3,4월] 제주에 흔치않은 계곡 유채꽃길
무비랜드 왁스뮤지엄
가람돌솥밥
약천사
진곶내 몰개바위 노을
플레이웍스 (일러스트샵)
답다니 수국
이곳이 수국 맛집[6,7월]
워터월드 제주 (미디어전시관)
제주 월드컵 경기장
갯깍 주상절리대
아프리카 박물관
꽃귤농장
제주체트 주상보트
월평올레
중문색달해변
수질평가 1위 해변
깨끗한 바다, 수영이나 해양스포츠에 제격
갯깍주상절리대 동굴
색달해변 일몰
조안베어 뮤지엄
제주국제컨벤션센터
면세점 위치
올레길 8코스
디스커버제주 돌고래탐사
벙커하우스(봄날,딸기라떼)
법환동 청소년 문화의집
법환포구
월평포구
월평포구 스노쿨링
강정천
액트몬제주점
1000평 규모의 엔터테인먼트 오락실
더클리프(브런치와 칵테일을 즐길 수 있는 오션뷰 카페)
런디스 (핑크오션라떼)
대포주상절리대
화산 분출 후 용암 표면이 균등한 수축으로 수직 방향으로 생겨난 돌기둥이 주상절리
해안가의 용암이 빠르게 식으면서 생긴 균열이 4~6각형의 기둥을 생성, 그 균열로 비와 눈이 들어가, 얼고 녹기를 반복하면서 틈이 발생하고 떨어져 나가 대포동 주상절리대 생성
올레길 7코스
서건도
두머니물(범섬과 유채꽃이 아름다운 곳 법환동 1541)
강정항
중문관광단지

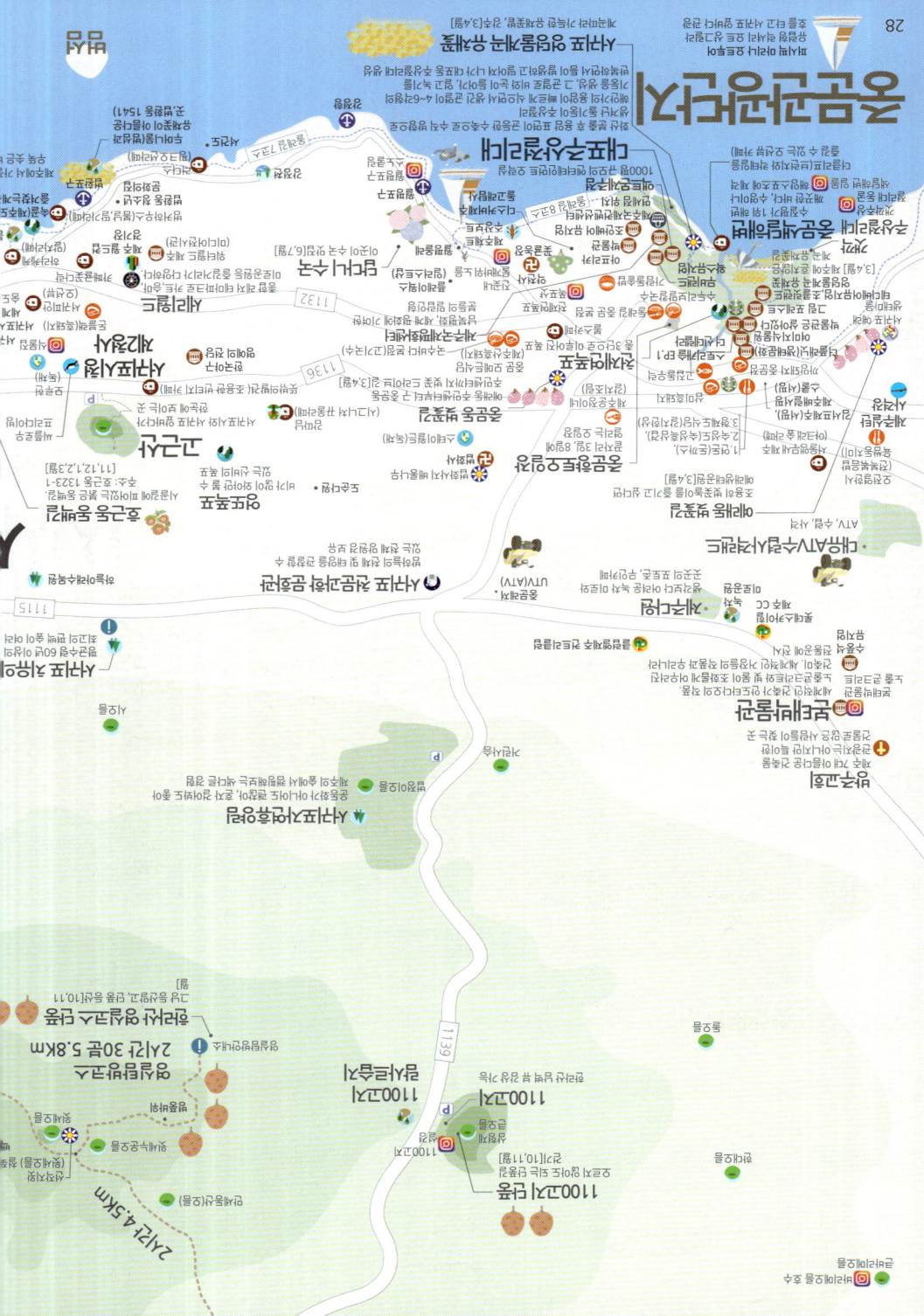

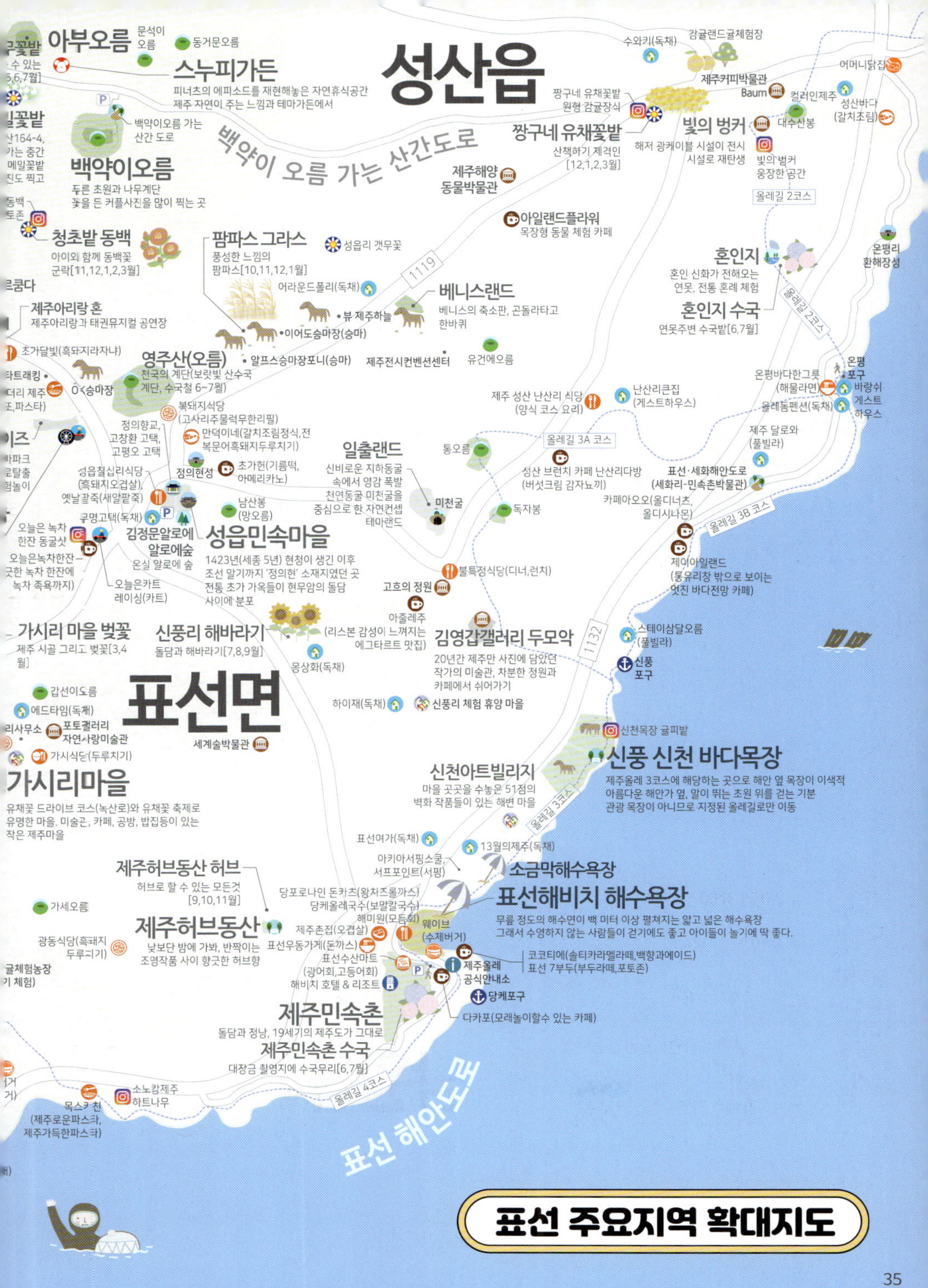

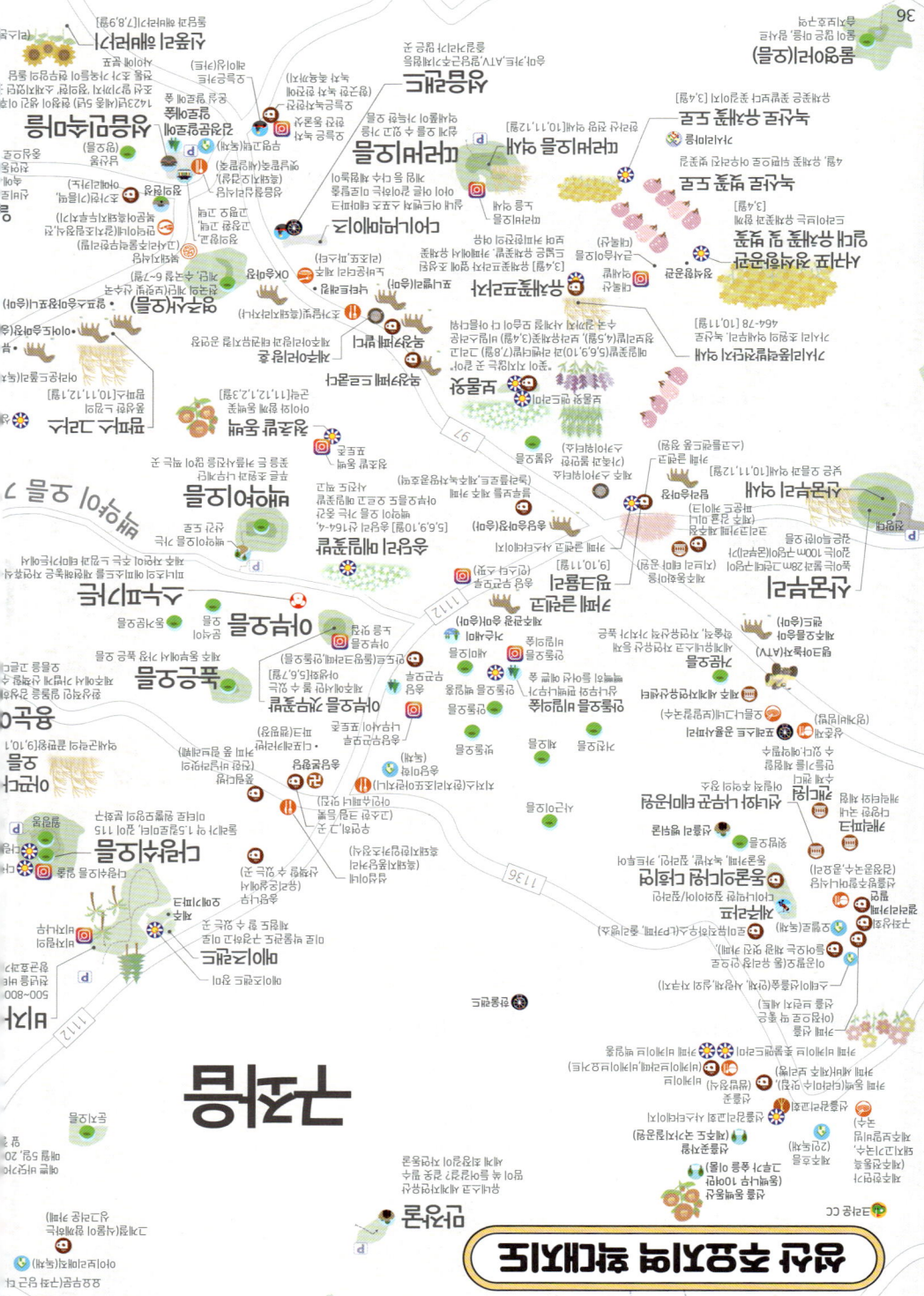

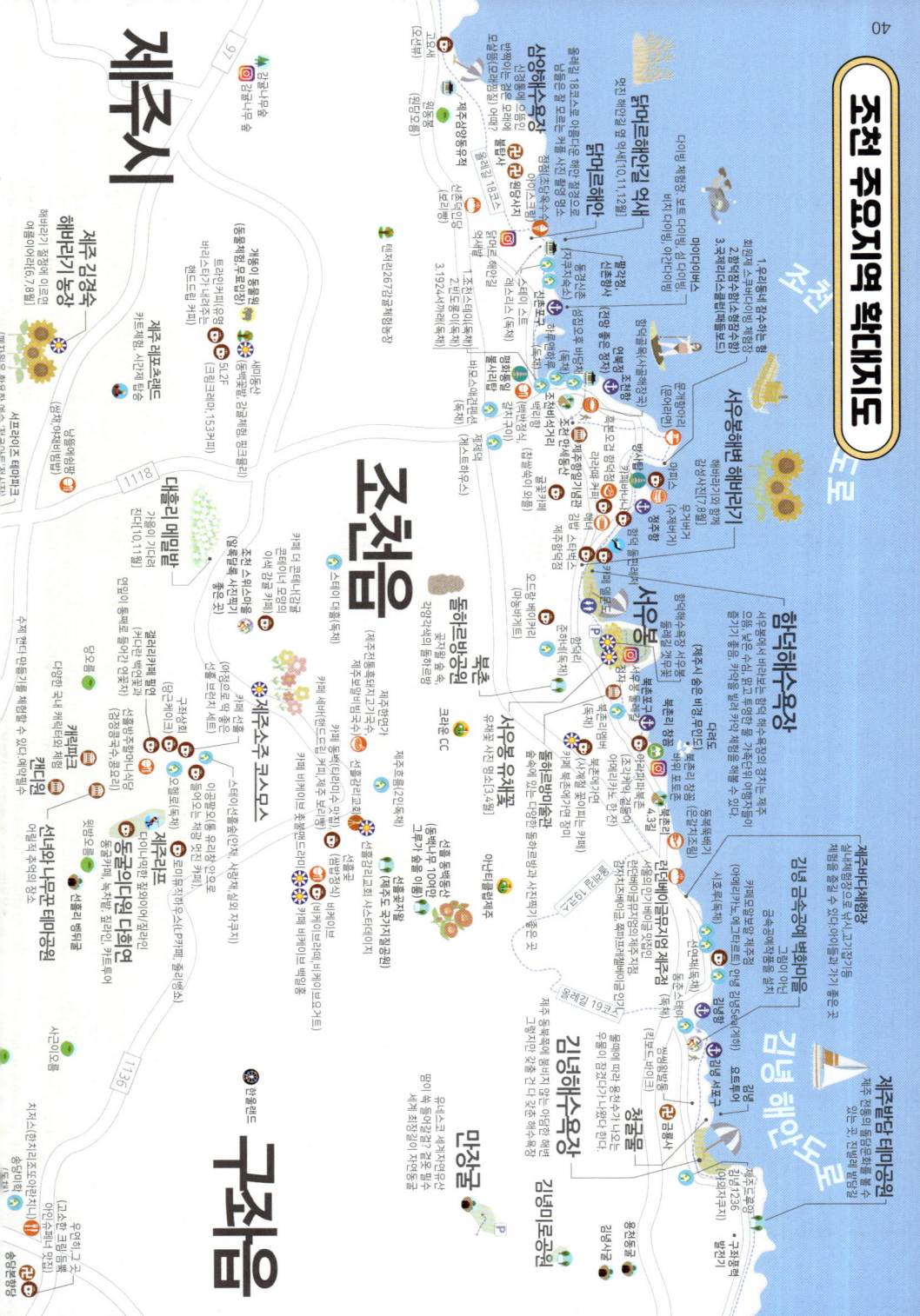

《만화로 보는 일리아스》

제작노트

동사원형 글·그림

#헤라 #최고신의 아내·패배자

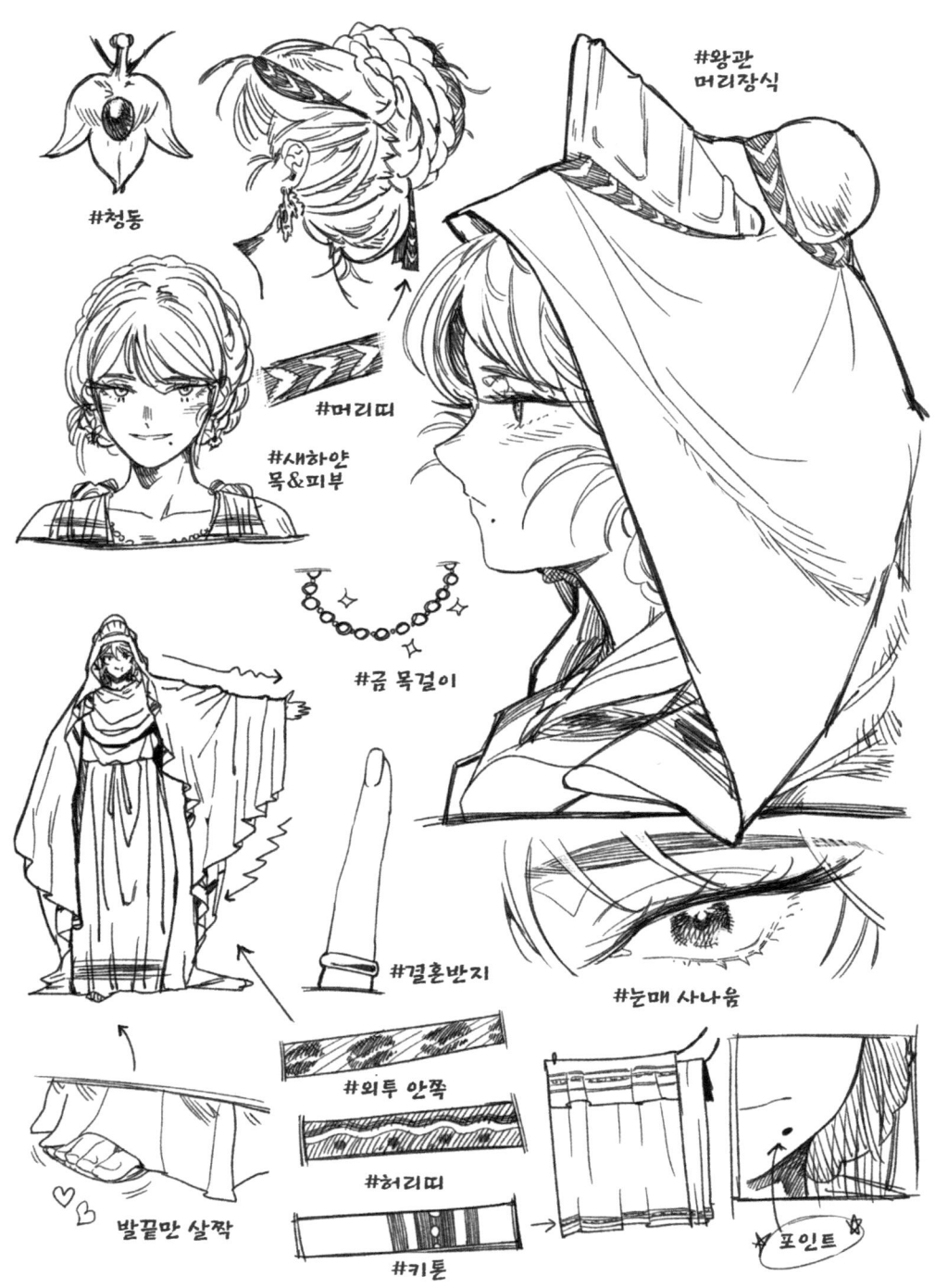

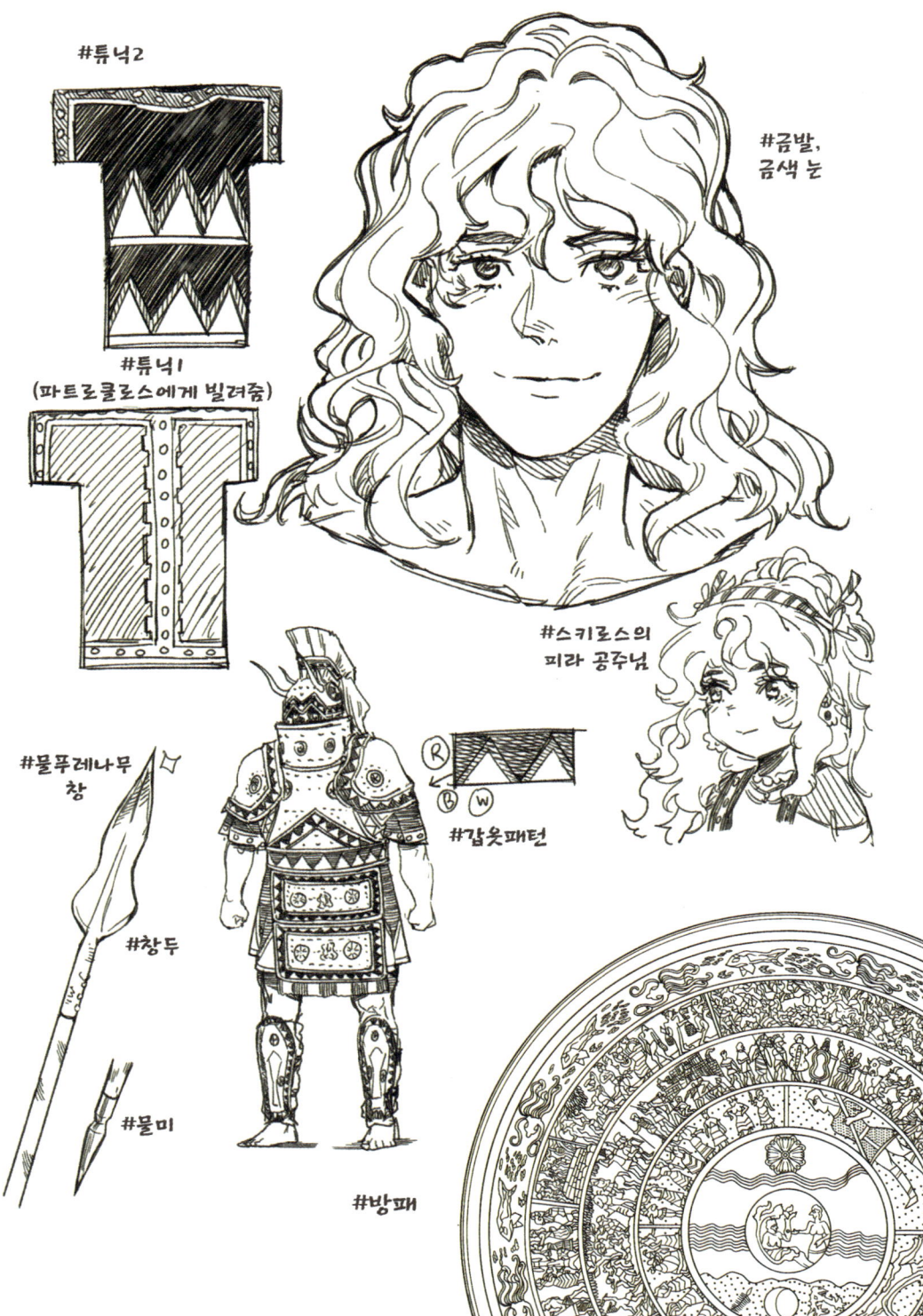

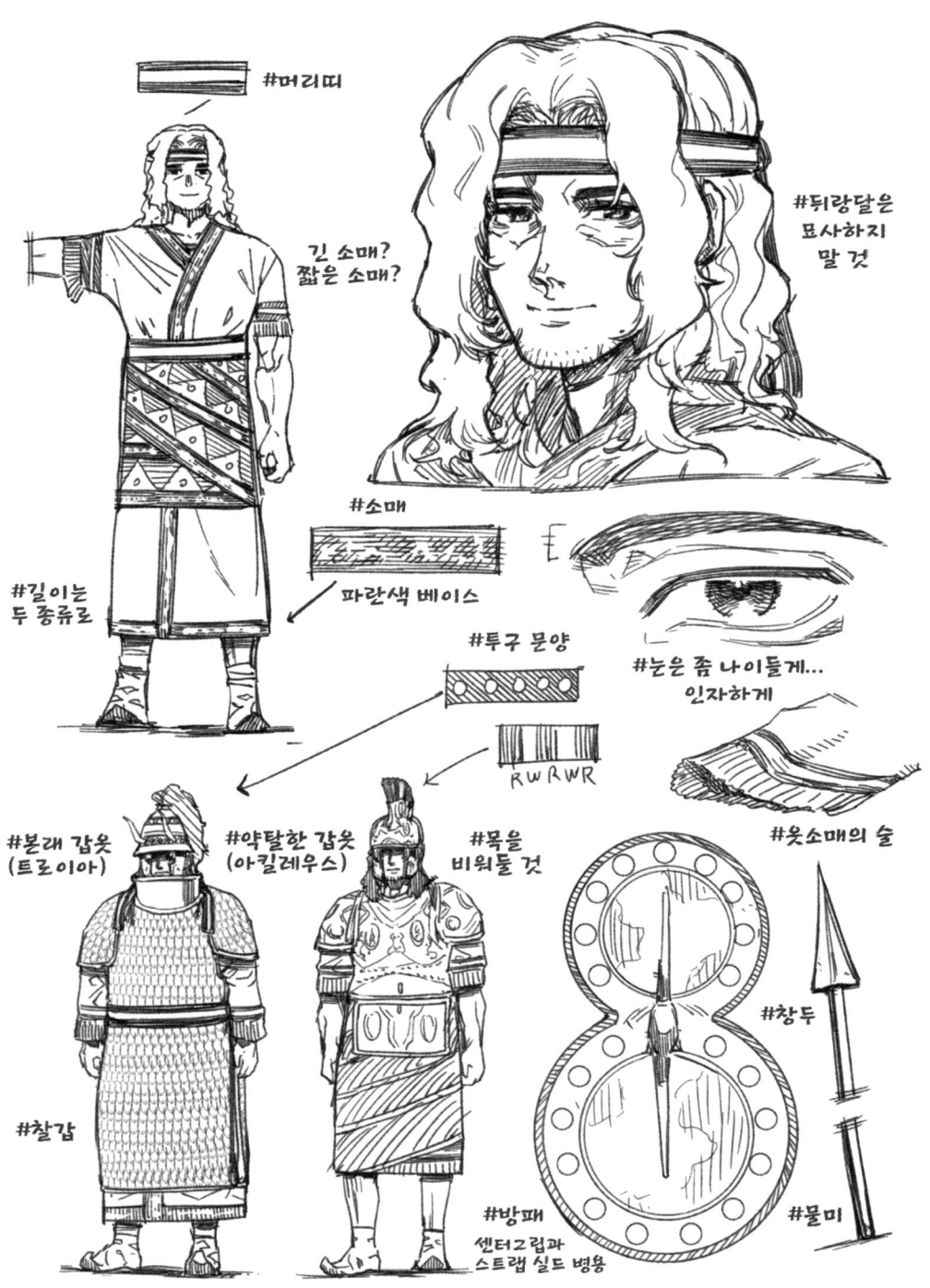

#3화 중

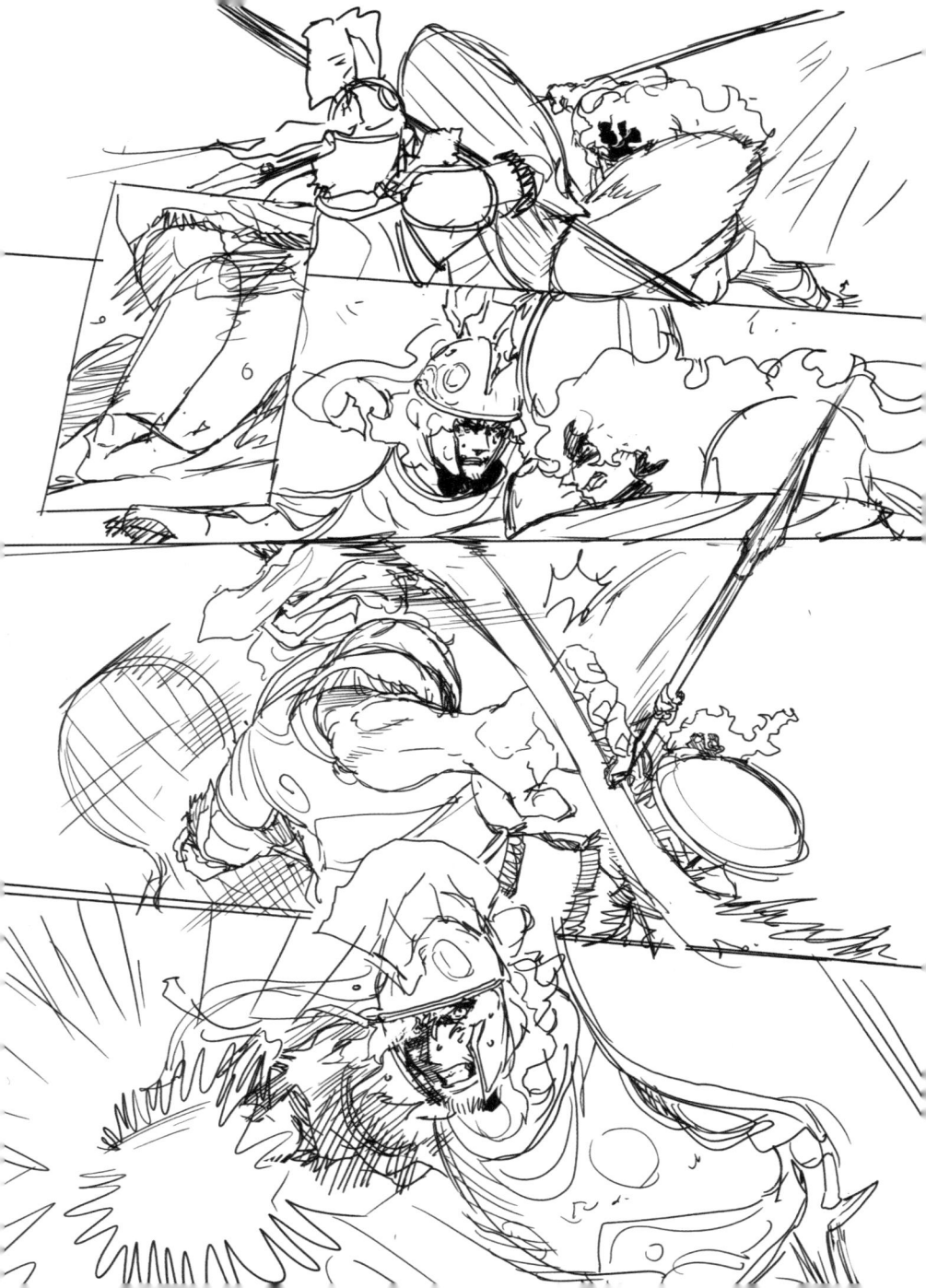

#표지 일러스트

#웹툰 연재 홍보 만화 1

#웹툰 연재 홍보 만화 2

#작업 구상 노트

2021/2/13

다음 작품... 최기작....
로마? 중세로마? (사람들이 잘 모를까?)
믕그면...
처음부터 선명. 왕정로마, ✗ 기각. 노렘있겠다.

↳ 너무 동떨어져서 재미있이 장해보일것같
그것도 장편보다도 더 긴... // 거긴
— 결정

그럼 더 짧게!? — 짧게, 많이

Apollo....

(고전 서사시!!!)
1. 아르고 호.... 아폴로니오스
2. 변신 이야기... 오비디우스 ⭐
⭐3.... 일리아드 ⭐ — Andromache, hector ♥♥

※ 시리즈로도 가능, 오뒷세이아, 아이네이스? (maybe) ※

일리아스 „ 트로완: 도리, 도리,....
↳ 주제: 분노 & 전쟁 ‧‧‧ 헥터... 용서? 사랑?
↳ 보성애 & 모성애.
Priam & thetis
↳ 헌도: 다 다룰수 있나? (축약?)
축약: 전투 간략화, 연결, 등장인물, 전개, 기법 접목...
↳ 대강의 흐름, 의미, 와, 카리스마아 등 가진 인물만
주제만 강조   짧은 가계도로...   — 반복되는 신들기아 생각선 이야기
              30여신 ⊕ @

너무 축약한가... 안봐도 읽은 척 할수 있을정도로만...
아는 척 가능한지... 가능하게...